AF503296

ABRÉGÉ

DE

L'HISTOIRE ANCIENNE

A L'USAGE

DES JEUNES PERSONNES

ROANNE

IMPRIMERIE SAUZON

RUE IMPÉRIALE, 70

1868

ABRÉGE

DE

L'HISTOIRE ANCIENNE

ABRÉGÉ

DE

L'HISTOIRE ANCIENNE

A L'USAGE

DES JEUNES PERSONNES

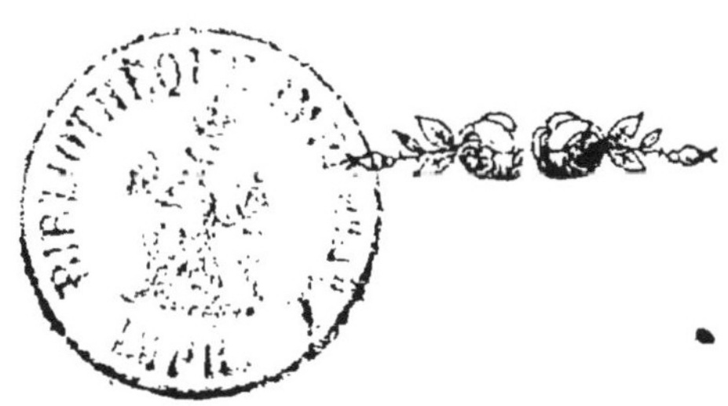

ROANNE

IMPRIMERIE SAUZON

RUE IMPÉRIALE, 70

1868

INTRODUCTION

L'histoire est le récit des évènements passés. Son objet est de rapporter les faits vrais pour instruire les hommes.

L'histoire universelle se divise en trois parties : L'*Histoire ancienne*, l'*Histoire du moyen-âge* et l'*Histoire moderne*.

L'*Histoire ancienne* commence à la création du monde, 4,004 ans avant Jésus-Christ, et finit à la chute de l'Empire romain d'Occident, l'an 476 de l'ère chrétienne.

L'*Histoire du moyen-âge* commence en 476, et finit à la prise de Constantinople par les Turcs, en 1453.

L'*Histoire moderne* commence l'an 1453, et dure jusqu'à la Révolution française, où commence ce qu'on appelle l'*Histoire contemporaine*.

Chacune de ces divisions de l'histoire est séparée par des faits extraordinaires qui ont changé la face du monde politique.

Trois évènements marquent la séparation de l'histoire moderne de celle du moyen-âge :

1° L'irruption des Barbares ;

2° La destruction de l'empire d'Occident ;

3° La fondation des Etats modernes.

Quatre évènements marquent la séparation de l'histoire du moyen-âge de l'histoire moderne :

1° La prise de Constantinople et l'établissement des Turcs en Europe, l'an 1453 ;

2° La découverte de l'Amérique, par Christophe Colomb, 1492 ;

3° La découverte, faite par Vasco de Gama, du passage des Indes par le cap de Bonne-Espérance, 1497 :

4° Les changements apportés dans le monde par l'imprimerie (1426), et dans la guerre, par la poudre à canon.

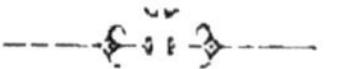

ABREGE

DE

L'HISTOIRE ANCIENNE

EGYPTE

Les peuples les plus célèbres dont s'occupe l'histoire ancienne sont : Les Juifs, les Egyptiens, les Grecs, les Assyriens, les Perses, les Carthaginois et les Romains. Les quatre derniers ont tour à tour dominé le monde connu des anciens.

Il y a sept peuples anciens dont l'histoire est presque inconnue. Ce sont, en Asie : les Indiens, les Chinois, les Japonais et les Scythes ; en Afrique : les Ethiopiens ; en Europe : les Celtes et les Basques.

1. L'Egypte est située au nord de l'Afrique.

2. On divise l'Egypte en trois parties : la

Thébaïde ou Haute-Egypte, ainsi nommée de ce qu'elle est plus près de la source du Nil ; la Moyenne-Egypte ou Heptanomide.

3. Le mot *Heptanomide* veut dire *sept nomes* ou gouvernements, et la Basse-Egypte est ainsi nommée, parce qu'elle est plus près de l'embouchure du fleuve. On l'appelle encore Delta, parce qu'elle ressemblait assez, par sa forme, à la lettre grecque de ce nom.

4. Le pays célèbre qui borde l'Egypte, au nord, est la Palestine, et, au couchant, l'Arabie.

5. Le Nil est tout à la fois la richesse et la beauté de l'Egypte. C'est au limon que déposent les débordements annuels de ce fleuve que l'Egypte doit sa fécondité.

6. Au mois d'août, l'Egypte ressemble à une vaste mer parsemée de villes, de villages et de bosquets. Dans le mois de janvier, c'est une belle prairie traversée par mille rivières, couverte de fleurs, de moissons, de troupeaux et de laboureurs ; l'air y est embaumé par toutes sortes d'arbres odoriférants.

7. La fertilité de l'Egypte est telle, que cent jours suffisent pour semer et faire la moisson, et la même terre, dans une même année, peut porter trois ou quatre sortes de fruits différents.

8. Les principales productions de l'Egypte sont: le blé, qui la rendit, près de sept siècles, le

grenier de Rome et de Constantinople ; le papyrus, dont les feuilles servaient de papier.

9. Les Egyptiens prétendaient que leurs ancêtres étaient nés avant tous les autres hommes du limon du Nil, échauffé par le soleil, et qu'ils avaient été gouvernés par des dieux l'espace de plus de vingt mille ans.

10. Le premier roi d'Egypte fut Ménès ou Mesraïm, fils de Cham. Il fonda Memphis, capitale de l'Heptanomide.

11. C'est Cham, fils de Noé, que les Egyptiens adoraient sous le nom de Jupiter-Ammon.

12. Ce fut le roi d'Egypte Busiris qui fonda la ville de Thèbes, capitale de la Haute-Egypte, et fameuse par ses cent portes, par chacune desquelles pouvaient passer à la fois deux cents chariots et dix mille combattants.

13. Les *Rois-Pasteurs*, ainsi nommés parce qu'ils amenaient avec eux de grands troupeaux, étaient originaires de l'Arabie et de la Phénicie ; on les appelait encore *Hycsos* : ils sont désignés dans l'histoire sous le nom général de *Pharaons*. Ils envahirent l'Egypte, qui leur resta soumise pendant 260 ans.

14. Ce fut un roi de la Thébaïde (ou Haute-Egypte), nommé Thoutmosis, le même qui confia le gouvernement de l'Egypte au sage Joseph, qui la délivra de ses rois étrangers. Cet exploit glo-

rieux et cher aux Egyptiens se trouve représenté sur l'un des plus grands temples de Thèbes.

15. Mœris s'est immortalisé par la construction d'un lac immense destiné à corriger les inondations irrégulières du Nil.

16. Osymandias, est le premier qui rassembla une bibliothèque. Elle était intitulée : *Trésor des remèdes de l'âme.*

17. Sésostris est le plus fameux monarque des Egyptiens. Pour en faire un conquérant, son père le fit élever avec tous les enfants qui étaient nés le même jour. Sésostris, monté sur le trône, médita la conquête du monde entier. Les jeunes gens élevés avec lui étaient devenus d'habiles capitaines. Secondé par eux, il soumit l'Arabie, la Lybie, l'Ethiopie, et porta ses armes victorieuses jusqu'au-delà du Gange.

18. Ce fut Sézac qui fit le pillage du temple de Jérusalem, sous Roboam.

19. Les Egyptiens descendent de Cham, fils de Noé.

20. Les sept merveilles du monde étaient : Jupiter d'Olympe, les murs de Babylone, le fanal de Pharos, le colosse de Rhodes, le tombeau de Mausole, le temple de Diane à Ephèse, le labyrinthe de Crète ; quelques-uns mettent une des pyramides de l'Egypte.

21. Les pyramides étaient d'immenses construc-

tions en pierre qui servaient de sépulture aux rois d'Egypte.

Elles étaient carrées à la base, et paraissaient pointues au sommet, bien qu'elles fussent terminées en forme de terrasse. Les trois plus fameuses étaient celles de Chéops, de Chéphrem et de Mycérinus. Elles avaient 154 mètres de hauteur. On employa trente ans pour bâtir l'une d'elles, et pour les seuls légumes fournis aux ouvriers, il en coûta sept millions. Ce sont les Israélites qui, pour la plupart, y ont été employés. On dit que tous les trois mois il y périssait cent mille hommes.

22. Les obélisques étaient des espèces de pyramides taillées dans le roc, qui servaient d'ornement aux places. Un de ces monuments a été transporté à Paris, où il sert d'embellissement à l'une des plus belles places de la capitale.

23. Le labyrinthe de Memphis était moins un palais qu'un magnifique amas de douze palais qui communiquaient ensemble. Quinze cents chambres, entremêlées de terrasses, s'arrangeaient autour de douze salles immenses, et ne laissaient point d'issue à ceux qui s'engageaient à les visiter sans guide. Ce labyrinthe avait été construit par douze seigneurs qui s'étaient réunis pour délivrer l'Egypte de l'anarchie, et qui vécurent pendant quinze ans dans une grande union.

24. Psammétichus, un des douze rois de l'E-

gypte, leur inspira de l'ombrage et fut exilé. Il leva ensuite des troupes, et demeura seul maître de l'Egypte.

25. Ce fut vers l'an 700, sous le règne de Psammétichus, que les Assyriens commencèrent à être en guerre contre les Egyptiens. Cette guerre commença par le siége d'Azot, en Palestine : ce siége dura vingt-neuf ans. C'est le plus long dont il soit parlé dans l'histoire ancienne.

26. Ce furent les Assyriens qui furent victorieux dans les guerres qu'ils entreprirent contre les Egyptiens. Sous la conduite de Nabuchodonosor II, ils engloutirent l'Egypte, la Judée et toutes les contrées voisines.

27. L'Egypte resta pendant quarante ans soumise aux Assyriens, après quoi Cambyse, fils de Cyrus, la replaça sous la domination des Perses. Elle y resta soumise jusqu'à la conquête de l'empire des Perses par Alexandre, roi de Macédoine.

28. L'Assyrie était en Asie.

29. Psammétichus, pour connaître la langue la plus ancienne, fit enfermer deux enfants, avec défense de leur dire jamais un mot. Les premiers mots qu'ils prononcèrent furent : *Beccos, beccos ;* comme ce mot signifiait *pain* dans la langue phénicienne, on en conclut que c'était la plus ancienne.

30. On appelait *hiéroglyphes* certains carac-

tères qui formaient l'écriture des Egyptiens. C'é-
taient des traits bizarres, des figures de lion, de
girafe et autres animaux.

On appelait *sphinx* une sorte d'animaux monstrueux, ayant la tête d'une femme et le corps
d'un lion. L'Egypte avait grand nombre de statues
colossales représentant ces animaux.

Les Egyptiens prétendaient posséder le fameux
phénix, oiseau merveilleux, dont le plumage
d'or était mêlé de blanc et d'écarlate, et qui, étant
seul de son espèce, se brûlait lui-même sur un
bûcher lorsqu'il était vieux, pour renaître de ses
cendres plus jeune et plus beau.

31. Les principales divinités des Egyptiens
étaient Osiris et Isis, qui représentaient le soleil
et la lune. Ils adoraient en outre le crocodile,
le chien, le chat, l'ibis, l'ichneumon.

32. Le plus célèbre des animaux divinisés était,
sans contredit, le bœuf Apis, qui avait des temples
magnifiques, et auquel on rendait des honneurs
extraordinaires pendant sa vie, et de plus grands
encore après sa mort. On le reconnaissait à
certaines marques : il devait être noir par tout
le corps, avoir une tache blanche et carrée sur
le front, la figure d'un aigle sur le dos, celle
d'un escarbot sous la langue, et sur le côté droit,
une espèce de croissant.

33. L'Egypte avait un si grand respect pour

ces vaines divinités, qu'on punissait de mort celui qui, même involontairement, en aurait tué quelqu'une. Plutôt que d'y toucher dans une famine, les Egyptiens aimèrent mieux se manger les uns les autres.

34. Les Egyptiens croyaient à la *métempsychose*, c'est-à-dire à la transmigration des âmes d'un corps dans un autre.

35. Les Egyptiens embaumaient les corps de ceux qui avaient bien vécu ; on les enfermait ensuite dans des niches, debout et droites contre la muraille : c'est ce qu'on appelait *momies*. Il en existe encore, bien qu'elles aient plus de quatre mille ans d'existence.

36. On appelle *hypogées* des puits de momies.

37. Tout Egyptien, monarque ou particulier, subissait après sa mort un jugement. Suivant qu'il était mauvais ou favorable, l'accusé recevait les honneurs publics de l'embaumement ou en était privé.

38. Toujours préoccupés de leurs derniers moments, les Egyptiens plaçaient un squelette dans leurs repas, tandis que les Grecs se couronnaient de roses.

39. On entend par la *polygamie* la loi qui permet d'avoir plusieurs femmes. Elle était tolérée en Egypte, ainsi que le mariage entre frère et sœur.

40. Les Egyptiens avaient pour les étrangers une aversion superstitieuse qui les empêchait de manger avec eux, de goûter même d'un mets qu'ils auraient coupé avec leur couteau.

41. Le président qui rendait la justice portait un collier d'or et de pierres précieuses d'où pendait une figure sans yeux, appelée *Vérité*, dont il se servait pour toucher la partie qui gagnait la cause.

42. La population était divisée en trois castes : les prêtres, les guerriers et le peuple, qui se composait de laboureurs, de pâtres et d'artisans. Les pâtres et les laboureurs n'étaient pas exclus de considération.

43. On ne pouvait pas choisir en Egypte tel état qu'on voulait : les professions étaient héréditaires.

44. Les enfants recevaient une éducation mâle et austère. On les nourrissait de légumes et de racines ; ils marchaient pieds nus, la tête rasée et sans coiffure.

Arabie.

45. L'Arabie est située à l'ouest de l'Asie.

46. On divise l'Arabie en trois parties : l'Arabie Déserte, l'Arabie Pétrée et l'Arabie Heureuse. L'Arabie *Déserte* est ainsi nommée, à cause de

l'infertilité de son sol. C'est là que les Israélites errèrent pendant quarante ans, qu'ils mangèrent la manne, et qu'ils reçurent la foi du mont Sinaï. Les habitants en sont nommés *Scénites*, d'un mot grec qui signifie *tente*, parce qu'ils sont nomades ou errants. L'Arabie *Heureuse* est ainsi nommée, à cause de sa continuelle verdure et de ses productions en or, en pierres précieuses, en aromates, en myrrhe, en encens, en aloès, en cinnamome. Le bois de senteur y est en telle abondance que, pour les usages les plus ordinaires de la vie, on ne brûle que de celui-là. L'or et l'argent y sont si communs, que les plus vils meubles des habitants sont faits de ces métaux. Les animaux sauvages n'en excluent pas les animaux utiles : chevaux, chameaux, éléphants, bœufs, brebis, et toutes espèces d'oiseaux, à l'exception de la poule et de l'oie. L'Arabie Pétrée est ainsi nommée de sa ville capitale *Petrá*. Quelques-uns disent que *Pétrée* veut dire *pierreuse*; cela est ridicule.

47. Les Arabes purs tirent leur nom d'Yarib, descendant de Sem. Les Arabes mêlés descendent d'Ismael, fils d'Agar; c'est pourquoi on les appelle *Agarrasins* ou *Sarrazins*.

48. Les Arabes n'ont jamais subi de joug étranger. Cyrus, Cambyse, Alexandre et les Romains même n'ont pu les assujétir. Dans les temps

anciens, ils ont subjugué l'Egypte et la Babylonie, et, dans les temps modernes, ils ont dompté cent peuples depuis l'Indus jusqu'à la Garonne.

49. Les Arabes sont la seule nation conquérante qui ait servi la cause de la civilisation. Ils ont inventé l'algèbre, les chiffres, et ont donné à l'Europe les premières notions de physique, de chimie et d'astronomie.

50. Les Arabes sont maintenant retombés dans la barbarie dont ils avaient tiré les autres nations, et les descendants des instituteurs du monde ne signalent aujourd'hui leur existence que par leurs pillages et leurs vols.

Syrie.

51. La Syrie est une province de la Turquie d'Asie.

52. Cette province fut presque toujours en guerre avec les Israélites. Plus souvent vaincus que vainqueurs, ils tombèrent enfin sous le joug des Assyriens.

53. Les Syriens manquaient de cette énergie qui donne de la durée aux nations; un usage de ce peuple le confirme. Lorsqu'ils avaient perdu leurs proches, ils se dérobaient à la lumière, et se cachaient pendant sept jours dans des antres profonds qu'ils remplissaient de leurs cris plaintifs.

Phénicie.

54. La Phénicie est une partie de l'Assyrie ; elle est donc en Asie.

55. La plus célèbre ville de Phénicie était Tyr, dont Nabuchodonosor II s'empara après seize ans de siége. Cyrus la soumit plus tard, et depuis cette époque l'histoire se tait sur ce peuple.

56. Les Phéniciens étaient célèbres par leur commerce et leur navigation. Ils ont inventé les voiles des vaisseaux, les mesures et les poids, l'art de fondre le verre, de travailler les métaux, de dresser des comptes et de tenir les registres, de fabriquer les tissus, et de les teindre en pourpre.

57. Les Phéniciens durent la couleur pourpre à un singulier hasard. Un chien de berger, pressé par la faim, brisa un coquillage marin ; il en eut la gueule teinte.

Comme cette couleur parut admirable, on trouva le moyen de l'extraire des coquillages de la même espèce, et de l'appliquer aux étoffes. La pourpre devint bientôt l'ornement des rois.

58. C'est aux Phéniciens qu'on doit l'art sublime de l'écriture. On l'attribue à Cadmus, fils d'Agénor. Brébeuf, poète latin, lui a rendu ce témoignage précieux :

C'est de lui que nous vient cet art ingénieux
De peindre la parole et de parler aux yeux,
Et par des traits divers de figures tracées,
Donner de la couleur et du corps aux pensées.

Babylonie et Assyrie.

59. Ces deux provinces sont encore en Asie.

60. Ce fut Nemrod *le chasseur*, petit-fils de Sem, qui bâtit Babylone, sur l'Euphrate, au pied de la tour de Babel (2680 avant J.-C.).

61. La contrée la plus fameuse qui avoisinait Babylone était la Chaldée, qui fut le berceau de l'astronomie.

62. L'astronomie donna naissance à une erreur grossière, c'est-à-dire au *sabéisme* ou adoration des astres. Les hommes poussèrent l'extravagance jusqu'à adorer les rois puissants ; c'est pourquoi ils élevèrent à Nemrod-le-Chasseur, qu'ils révéraient sous le nom de *Baal*, *Bel* ou *Bélus*, qui signifie *seigneur* ou *soleil*, un temple magnifique.

63. Ce fut Assur, issu aussi de Sem, qui fonda Ninive, sur le Tigre. Les murs de cette ville fameuse avaient vingt-quatre lieues de tour, et renfermaient près de deux millions d'habitants. Il ne fallait pas moins de trois jours pour en parcourir les quartiers.

Trois chars attelés de front pouvaient passer

sur les murailles, hautes de cent pieds, et flan-
quées de mille cinq cents tours qui n'avaient pas
moins de deux cents pieds d'élévation. Ninive fut
la capitale du royaume d'Assyrie, qui comprenait
tout le territoire environnant Ninive.

64. Ce fut Bélus, successeur d'Assur, qui réunit
Babylone à Ninive (1193). Babylone était restée
indépendante environ six siècles.

65. Ce fut Ninus, fils de Bélus, qui soumit la
Syrie au royaume d'Assyrie, ainsi que l'Asie-
Mineure (composée de douze provinces, aujour-
d'hui la Turquie d'Asie et plusieurs autres contrées.

66. Voici comment Sémiramis devint l'épouse
de Ninus. Un jour que ce prince assiégeait la
ville de Bactres, il aperçut sur les murailles une
dame merveilleusement belle. Il voulut savoir qui
elle était. On lui répondit qu'elle se nommait
Sémiramis, et qu'elle était femme du gouverneur
de la ville ; que, dès son enfance, ayant été aban-
donnée par ses parents dans une forêt, elle avait
été nourrie, comme par miracle, par des colom-
bes. Ce récit fit regretter à Ninus que Sémiramis
eût un mari ; mais le gouverneur de la ville ayant
péri dans le combat, le prince assyrien se hâta
d'épouser la belle veuve, dont il eut un fils nommé
Ninias.

67. Bien que Sémiramis fût douée de brillantes

qualités, elle avait de terribles défauts. A peine
assise sur le trône assyrien avec son nouveau
mari, elle conçut le désir immodéré de régner
sans partage. Voici comment elle s'y prit : ayant
témoigné le désir de gouverner seule pendant
cinq jours pour mieux apprécier les douceurs de
la royauté, Ninus ordonna qu'elle fût satisfaite ;
pendant cet intervalle, Sémiramis le fit mettre à
mort.

68. Sémiramis illustra son règne par la construction de magnifiques terrasses ou jardins sus-
pendus sur des voûtes ; elle fit achever les murailles de Babylone que Nemrod avait commen-
cées, et où six chars pouvaient passer de front.
Elle recula de beaucoup les bornes de son empire,
et éleva la puissance assyrienne plus haut que
tous les rois de l'Asie qui avaient régné avant ou
qui régnèrent après elle.

69. Revenue des Indes, où elle avait été mise
en déroute, on l'appela pour apaiser une sédition. Bien qu'elle fût à sa toilette, elle partit la
tête à demi-coiffée, et ne revint que lorsque le
trouble fut entièrement fini.

70. Ayant appris par un oracle que, en punition
du meurtre de Ninus, son fils Ninias la mettrait
à mort, elle résolut alors de se retirer secrètement
dans le tombeau de son mari pour y pleurer son
crime et y finir sa vie. Ninias, ayant appris le sort

de sa mère, lui fit rendre les honneurs funèbres, et lui érigea un temple somptueux où elle fut adorée. Sur son tombeau, on mit l'épitaphe qu'elle-même avait composée : « La nature m'a donné le corps d'une femme, et mes actions m'ont rendue l'égale des hommes les plus vaillants... » Il y avait aussi le récit de toutes ses grandes entreprises, et le nom des quatre mers qu'elle se vantait d'avoir, la première, fait connaître aux Assyriens, savoir : la Méditerranée, la mer Caspienne, le Pont-Euxin, et la mer Rouge.

71. Ninias, fils de Sémiramis, se plongea dans la mollesse, et trente rois, ses successeurs, qui occupèrent le trône d'Assyrie pendant plus de dix siècles, l'imitèrent ; aussi l'histoire n'en dit-elle rien.

72. Le dernier roi d'Assyrie fut Sardanapale, qui fut sans contredit le prince le plus indigne, le plus débauché et le plus infâme dont il soit parlé dans l'antiquité. Il s'enfonça dans son palais, entouré de femmes dont il avait pris l'habit et les mœurs.

73. Au milieu de sa mollesse, il avait eu quelquefois la pensée qu'un grand péril pouvait le menacer. Il envoya donc consulter un oracle qui lui avait fait répondre « qu'il n'avait rien à craindre tant que le Tigre ne combattrait pas avec ses ennemis. »

74. Quelque temps après, les eaux du Tigre, s'étant grossies extraordinairement, firent une brèche aux murailles de Ninive, et ce fut par là qu'Arbace, gouverneur de la Médie (province d'Assyrie), vint attaquer Sardanapale.

75. Les soldats d'Arbace allaient abandonner la victoire à ceux de Sardanapale, lorsque Bélésis, gouverneur de Babylone, de concert avec Arbace, leur assura qu'il avait lu dans les astres que, s'ils persévéraient cinq jours encore, ils seraient victorieux. Sa prédiction s'accomplit.

76. Sardanapale, se voyant près d'être détrôné, fit mettre le feu à son palais et périt avec ses femmes et ses trésors. Ce fut en lui que finit l'empire assyrien.

77. Après la mort de Sardanapale, on lui érigea par dérision une statue qui le représentait dans l'attitude d'un danseur à moitié ivre, et au bas de laquelle on grava cette épitaphe que lui-même s'était composée :

Je n'ai fait que manger, boire et m'amuser bien,
Et j'ai toujours compté tout le reste pour rien.

78. Des débris de l'empire assyrien se formèrent trois royaumes rivaux : de Médie, de Babylone et de Ninive. Arbace eut la Médie ; Bélésis, Babylone ; et Phul, Ninive.

79. Babylone fut gouvernée par des prêtres-rois,

pendant quatre-vingts ans, au bout desquels elle tomba momentanément sous le joug de Ninive ; mais les Babyloniens ayant appelé les Mèdes à leur secours, Babylone recouvra son indépendance sous Nabopolassar, qui la gouvernait au nom des rois ninivites.

80. Les rois ninivites les plus fameux furent : Salmanazar, qui emmena les Israélites en Assyrie, et mit fin au royaume d'Israël ; Sennachérib, du temps duquel vivait Tobie et à qui l'ange exterminateur fit périr en une seule nuit 185,000 soldats, parce qu'il voulait traiter le royaume de Juda comme son père Salmanazar avait traité le royaume d'Israël. Il fut tué par ses fils en rentrant à Ninive. Assaradon s'empara de Babylone, qui fut, pour la troisième fois, réunie à Ninive. Nabuchodonosor, premier fils d'Assaradon, fit former le siége de la ville de Béthulie par Holopherne, un de ses généraux.

81. Nabopolassar, d'abord gouverneur de Babylone, ayant pris le titre de roi de cette ville, détruisit Ninive de fond en comble. Babylone devint ainsi la seule capitale du royaume d'Assyrie, et Nabopolassar fut regardé comme le fondateur du second empire assyrien.

82. Le successeur de Nabopolassar dans le nouvel empire assyrien, dont Babylone était la capitale, fut Nabuchodonosor II, son fils, qui emmena

les Juifs en captivité à Babylone, dévasta Jérusalem et brûla le temple. Il s'empara aussi de Tyr, après onze ans de siége. Son orgueil était vraiment insupportable. Il fit faire une statue d'or de soixante coudées qu'il força tous ses sujets d'adorer. En punition de cet orgueil, il eut un songe effrayant qu'il ne s'expliquait pas : c'était un arbre immense dont les branches s'élevaient jusqu'aux nues. Il entendit une voix qui disait : « Abattez cet arbre par le pied, coupez-en les branches, dispersez-en les fruits, mais que les racines restent en terre ; qu'il soit lié avec des chaînes de fer parmi l'herbe des champs ; qu'il paisse la verdure comme les animaux sauvages ; qu'on lui ôte son cœur d'homme, et qu'on lui donne pendant sept ans un cœur de bête. » Il ne comprit rien à cela. Il employa toutes sortes de moyens pour connaître ce que signifiait ce songe. Les prêtres les plus habiles de Babylone ne surent pas l'interpréter. Ce fut le jeune Daniel, qui avait été miraculeusement préservé dans la fosse aux lions où le roi lui-même l'avait fait jeter, qui lui expliqua son rêve. Il lui dit que la voix qu'il avait entendue était celle de Dieu même ; qu'en punition de son orgueil, il serait réduit pendant sept ans à la condition des bêtes, et qu'il paîtrait l'herbe comme un bœuf. Ce songe se réalisa. Les cheveux du roi poussèrent et couvrirent son corps comme les plumes d'un aigle , et ses ongles s'allongèrent comme les griffes des oiseaux.

Quand le temps fut accompli, l'esprit et la raison lui revinrent ; plus puissant que jamais, et pénétré de reconnaissance , il fit publier un édit en faveur du vrai Dieu. Il mourut un an après, et il y a tout lieu de croire que ce fut dans les sentiments d'une véritable piété.

83. Le plus fameux des successeurs de Nabuchodonosor II fut Balthazar , sous qui Cyrus, roi de Perse, s'empara de Babylone. Voici à quelle occasion : Balthazar donnait à ses principaux officiers un repas splendide , pendant lequel il lui prit fantaisie de se faire verser à boire dans les vases d'or du temple de Jérusalem.

Voilà que tout à coup on vit sur la muraille une main mystérieuse qui traçait des caractères inconnus. Daniel fut appelé, et lut ces mots : *Mané, Thécel, Pharès,* c'est-à-dire : ô roi ! Dieu a marqué la fin de votre règne ; il vous a pesé dans sa balance, et votre royaume va être divisé et appartenir aux Mèdes et aux Perses. La même nuit, Cyrus entra dans la ville et s'en rendit maître. Balthazar fut tué par les Perses. Ainsi finit le second empire assyrien que Nabuchodonosor avait fondé. Cyrus le réunit à la Perse et à la Médie. Il rappela les Israélites dans leur pays d'où Nabuchodonosor les avait fait sortir, et les autorisa à rebâtir leur temple.

Rhodiens.

84. La ville de Rhodes, en Asie, fut fondée en l'an 430 avant Jésus-Christ.

85. Les Rhodiens sont célèbres par le colosse qu'ils firent élever. Démétrius, roi de Macédoine, étant venu les attaquer, ne put prendre cependant leur ville pour la défense de laquelle les Rhodiens avaient appelé à leur secours Ptolémée, roi d'Egypte. Démétrius, pour réussir dans son projet, avait fait construire diverses machines de guerre ; mais les assiégés en rendirent l'usage impossible, soit en brûlant les unes, soit en minant le terrain où les autres devaient passer. Démétrius conclut la paix. Les habitants de l'île attribuèrent leur délivrance à Apollon, à qui ils avaient offert des sacrifices pendant toute la durée du siége. Pour lui témoigner leur reconnaissance, ils élevèrent, avec les machines de Démétrius, que celui-ci leur avait données, un monument à cette prétendue divinité. C'était une statue d'airain représentant ce dieu, et dont l'élévation était si considérable que ses deux pieds étant posés sur des rochers écartés, les plus gros navires pouvaient passer à pleines voiles entre ses jambes. Elle avait plus de cent pieds de hauteur, et l'on dit qu'aucun homme ne pouvait entourer de ses deux bras le pouce de

l'un de ses pieds. Ce monument fut mis au nombre des merveilles du monde ; il fallut douze ans pour le construire, mais il ne demeura que soixante ans au lieu où il fut placé. Ce fut un tremblement de terre qui le détruisit, et l'on chargea neuf cents chameaux des débris de ce colosse.

Troyens.

86. La ville de Troie, capitale de la Troade (province de l'Asie-Mineure), fut fondée par Dardanus (1568 avant Jésus-Christ).

87. C'est Tros, l'un des successeurs de Dardanus, qui donna son nom aux Troyens.

88. Ce fut sous Laomédon qu'Hercule s'empara de cette ville (1334 avant J.-C.).

89. Voici la cause de la guerre de Troie : Pâris, fils de Priam, roi de Troie, ayant enlevé par vengeance Hélène, femme de Ménélas, roi de Sparte (Grèce), toute la Grèce, outrée de cette injure, se réunit sous les ordres d'Agamemnon, frère du prince outragé, pour le venger.

90. Le siége de Troie dura dix ans, au bout desquels les princes grecs prirent enfin la ville et la brûlèrent.

91. Voici au moyen de quel stratagème les Grecs se rendirent maîtres de Troie : Quand les dix ans furent écoulés, les assiégeants feignirent

de se retirer , et laissèrent sur le rivage un énorme cheval de bois dans les flancs duquel leurs plus fameux guerriers s'étaient cachés. Les Troyens l'introduisirent dans leurs murs , et pendant la nuit, les Grecs sortirent des flancs de la machine, ouvrirent les portes à leurs compagnons, et brûlèrent la ville.

92. Homère s'est illustré en chantant le siége de Troie, bien qu'il ne vécût que trois siècles après. Son poème est intitulé l'*Iliade* (du grec *Ilion* ou *Troie*). Les noms des héros grecs les plus fameux qui se sont illustrés dans ce siége sont dans la mythologie.

Lydiens.

93. La Lydie (Asie-Mineure) fut gouvernée par trois dynasties : les Astyades, les Héraclides et les Mermnades.

94. On rapporte de Candaule, roi de Lydie, une merveilleuse histoire. Il avait, dit-on, une femme d'une beauté sans pareille, mais qu'aucun homme ne pouvait voir , ainsi qu'il est encore d'usage en Asie. Cependant Candaule avait un ami nommé Gygès, à qui il vantait si souvent la beauté de la reine , que celui-ci conçut un violent désir de connaître la princesse. Il fut convenu qu'il se cacherait de manière à voir la figure de la reine

lorsqu'elle lèverait son voile devant son mari. Celle-ci, irritée, fit appeler Gygès, et lui donna le choix d'expier sa faute par sa propre mort ou par celle du roi. Gygès consentit à la mort de Candaule, et il réalisa son crime au moyen d'un anneau qui le rendait, dit-on, invisible quand il en tournait le diamant du côté de son visage. La reine lui donna ensuite la couronne et sa main, afin qu'il ne fût pas dit qu'un autre homme que son époux ait vu son visage à découvert.

95. Crésus, roi de Lydie, fut connu par ses richesses, au point que son nom a passé en proverbe.

96. Crésus, qui aimait la science, protégeait les gens de lettres. Solon séjourna à sa cour. Un jour, Crésus déploya devant le philosophe tout son or et toute sa magnificence, et lui demanda s'il connaissait un homme plus heureux que lui. Oui, répondit Solon, c'est Tellus, un simple citoyen d'Athènes, qui, après avoir passé sa jeunesse à faire le bien, vit dans l'âge mûr prospérer sa famille, et mourut en défendant sa patrie. Crésus sourit de pitié en entendant ce langage ; il ne voyait pas quel bonheur pouvait goûter un homme obscur. — Et après Tellus ? dit-il au philosophe.— Deux frères, Cléobis et Biton, qui, après avoir traîné au temple le char de leur mère, moururent en dormant. Cette fois, Crésus haussa les épaules

en s'écriant : Faut-il donc avoir cessé d'exister pour savoir si l'on a vécu véritablement heureux ? — Oui, ô roi de Lydie, celui-là seul est heureux qui l'a été jusqu'à la fin. On ne décerne pas le prix à l'athlète qui court dans la carrière ; le bonheur des mortels n'est pas plus assuré pendant la vie que la couronne pendant le combat.

97. Voici à quelle occasion se vérifièrent les paroles de Solon à Crésus. Il fut pris à la bataille de Tymbrée donnée par Cyrus, dans Sardes, sa ville capitale, et condamné par le vainqueur à périr dans les flammes. Comme il était sur le bûcher, on l'entendit répéter par trois fois le nom de Solon. Cyrus surpris de cette exclamation se la fit expliquer. Son cœur ému à la vue de l'incertitude des choses humaines pardonna à Crésus, dont il prit le trône, mais qu'il laissa dans son palais, quoique dans une condition privée.

98. Crésus, dans une autre circonstance, avait dû la vie à l'un de ses fils qui était muet. Cet enfant, voyant un soldat lever le glaive pour tuer son père, s'écria, par un effort soudain, fruit de la tendresse filiale qui lui délia la langue : « Soldat, ne tue pas Crésus. » Le soldat, qui ne connaissait pas le roi, s'arrêta soudain. Cyrus, en récompense, lui accorda une forte somme d'argent.

99. Les Lydiens sont regardés comme les premiers inventeurs de la monnaie d'or et d'argent,

des dés, des osselets, des balles, et de plusieurs autres jeux.

100. Les Lydiens, pour contracter alliance, se faisaient des incisions aux bras, et léchaient mutuellement le sang de leurs plaies. Les mœurs de ce peuple étaient efféminées. La musique lydienne était molle et voluptueuse.

101. Ésope, le fameux fabuliste, vivait à la cour de Crésus. Les habitants de Samos (île voisine de la Lydie), ayant offensé Crésus, l'envoyèrent en ambassade auprès du roi. Il était petit de taille, avait les jambes tordues, la tête d'une grosseur monstrueuse, la bouche démesurément large ; mais son esprit et son caractère étaient si aimables, si enjoués, qu'il était aimé de tous ceux qui le connaissaient. Bien qu'il fût couvert d'un manteau magnifique qui cachait une partie de ses infirmités, Crésus en le voyant ne put s'empêcher de reculer de surprise et d'effroi ; il crut que les Samiens se moquaient de lui en lui envoyant un pareil ambassadeur. Sa colère se changea bientôt en admiration lorsque, ayant permis à Ésope de lui exposer le sujet de son ambassade, celui-ci, après s'être prosterné, selon la coutume des peuples de l'Asie, lui raconta la fable suivante :

« Un homme qui s'amusait dans son champ à prendre des sauterelles trouva par hasard une cigale ; il allait la tuer, comme il avait tué les premières. « Que vous ai-je fait, lui dit celle-ci, pour me traiter si sévèrement ? Je ne mange pas votre blé, et ne vous cause aucun dommage ; car je n'ai que ma voix dont je me sers fort heureusement pour chanter soir et matin. Grand roi, vous êtes l'homme aux sauterelles, et moi je suis semblable à la chétive cigale : je n'ai que la voix, et je me garderais bien de m'en servir pour vous offenser. » Crésus, charmé de cet à-propos, releva Esope avec bonté, puis il se plaignit amèrement des Samiens. Pour l'apaiser, Esope reprit :

« Un jour les loups et les brebis, lassés de se faire la guerre, conclurent un traité de paix. Les loups promirent aux brebis de les laisser paître tranquillement dans les prairies, à condition qu'elles leur livreraient les chiens qui gardaient le troupeau. Les crédules brebis consentirent ; mais dès que les loups eurent les chiens en leur pouvoir, ils les dévorèrent, et tombant ensuite sur les moutons, ils les étranglèrent tous. C'est vous, ô roi, qui êtes le loup ; moi, je suis le chien fidèle qui viens défendre le peuple de Samos : voudriez-vous donc punir ce peuple, à présent que son gardien est entre vos mains ?... »

Esope plut tellement à Crésus, que ce dernier le combla de faveurs pour le retenir à sa cour, et il réussit.

Mèdes et Perses.

102. Le royaume de Médie (Asie), formé des débris du premier empire assyrien, détruit sous Sardanapale, eut d'abord pour roi Arbacès, qui en était avant gouverneur. Après lui, les Mèdes retombèrent dans l'anarchie.

103. Pour remédier aux désordres qui régnaient parmi eux, les Mèdes élurent roi Déjocès, un de leurs juges, qui bâtit Ecbatane, entourée de sept murailles disposées en terrasses, et dont la plus élevée renfermait le palais du roi. Déjocès se rendait ainsi presque inaccessible, afin d'habituer le peuple au respect dû à la majesté royale. Nul homme ne pouvait entrer dans ce palais, et il n'était permis à personne de le regarder, ni de cracher ou de se moucher en sa présence.

104. Phaorte, fils de Déjocès, lui succéda ; mais ayant eu l'imprudence de chercher querelle à Nabuchodonosor Ier, roi d'Assyrie, celui-ci le fit mourir à coups de flèches.

105. Cyaxare Ier succéda à Phaorte son père. Comme il allait venger sur Nabuchodonosor le meurtre de son père, il apprit que son royaume de Médie venait d'être envahi par les Scythes, peuples barbares venus du nord.

106. La Scythie était une immense contrée ; elle

s'étendait depuis la Germanie jusqu'à l'Asie. On la divisait en Scythie européenne, et en Scythie asiatique.

107. Cyaxare marcha contre les Scythes, mais il fut entièrement défait.

108. Vingt-huit ans après, Cyaxare reconquit son royaume, après avoir fait égorger les Scythes dans un repas auquel il les avait conviés, et qui devait avoir lieu le même jour et à la même heure dans toutes les maisons du pays.

109. Cyaxare, rétabli sur le trône, recommença son projet de vengeance contre Nabuchodonosor Ier, et, aidé de Nabopolassar, il détruisit Ninive. Selon sa promesse, il donna l'empire d'Assyrie à Nabopolassar, qui établit sa résidence à Babylone.

110. Cyaxare mourut après quarante ans de règne, laissant la couronne à son fils Astyage.

111. Astyage eut deux enfants : Cyaxare II, et Mandane qu'il donna pour épouse à Cambyse, roi de Perse. De cette union naquit Cyrus.

112. Cyrus fut élevé dans les écoles publiques avec les autres enfants de son âge, ainsi que cela se pratiquait dans son pays ; nourri de pain, de cresson et d'eau ; exercé bien plus encore à la pratique des vertus morales et militaires qu'à celles des sciences inutiles.

113. Cyrus ne démentit jamais cette première

éducation. Mené à douze ans à la cour de Médie, chez Astyage, son grand-père, il méprisa les usages efféminés qu'on y suivait, et le luxe qui régnait à table et sur la personne même du roi.

114. Un jour Astyage fit servir, en l'honneur de son petit-fils, un banquet magnifique. Cyrus regarda tout cet étalage avec la plus profonde indifférence, en disant à son grand-père qu'il n'était pas habitué à tant de recherche, et que, quand les Perses voulaient apaiser leur faim, ils n'avaient besoin que de pain et de cresson. Ayant ensuite obtenu la permission de distribuer les mets aux officiers, il oublia volontairement Sacas, échanson du roi, à cause de quelques refus qu'il en avait éprouvés. Astyage le reprit avec bonté, disant qu'il n'avait eu jamais qu'à se féliciter de Sacas. Cyrus s'offrit à le remplacer dans sa charge, et, équipé en échanson, il charma toute la cour par sa dextérité. Seulement, comme il avait oublié de goûter la boisson, on lui en fit le reproche. Il répondit : « C'est volontairement, je craignais que ce ne fût du poison. — Eh ! comment cela ? reprit Astyage. — C'est que, il y a quelques jours, je m'aperçus qu'après avoir bu de cette liqueur, la tête tourna à tous les convives. Vous sembliez avoir oublié, vous, que vous étiez roi, et eux, qu'ils étaient vos sujets, et quand vous vouliez vous mettre à marcher, vous ne pouviez vous

soutenir. — Comment ! n'arrive-t-il pas la même chose à ton père ? — Jamais, dit l'enfant ; quand il a bu, il cesse d'avoir soif, et voilà tout ce qui lui arrive.

115. Astyage étant mort laissa la couronne de Médie à Cyaxare II, son fils, frère de Mandane, mère de Cyrus, et oncle par conséquent du jeune prince.

116. Cyaxare II, menacé d'une guerre formidable par les Lydiens et les Babyloniens, implora le secours de son beau-frère Cambyse, roi de Perse. Celui-ci lui envoya son fils Cyrus à la tête de 30,000 hommes. Le jeune prince fut complètement victorieux à la bataille de Tymbrée, s'empara de Crésus dans Sardes, capitale du roi de Lydie, et prit Babylone sur Balthazar.

117. Pour récompenser son neveu, Cyaxare II lui offrit la main de sa fille unique avec la Médie pour dot. Le jeune prince, quoique pénétré de reconnaissance pour une offre aussi brillante, ne crut pas devoir l'accepter sans le consentement de ses parents. Il alla en Perse le demander, et revint pour se marier. Cette union le rendit roi de Médie.

118. Bien que le royaume de Perse fût très-ancien, Cyrus en est regardé comme le véritable fondateur, puisqu'il le fit sortir de son obscurité, en l'agrandissant de la Médie, de la Lydie et de

l'empire assyrien , avec une grande partie de l'Asie.

L'édit célèbre par lequel Cyrus s'est immortalisé est celui qui rappela les Juifs de leur captivité à Babylone, et qui leur permit de reconstruire le temple du vrai Dieu. Ce fut le plus sage conquérant de l'antiquité.

119. Cyrus en mourant laissa deux fils : Cambyse, l'aîné, et Smerdis, le plus jeune.

120. Cambyse, fils aîné de Cyrus, lui succéda sur le trône, sans hériter de son génie ni de ses vertus.

121. Ayant demandé au roi d'Egypte sa fille en mariage, et celui-ci ayant refusé, Cambyse porta la guerre en Egypte.

122. Pour se rendre maître de l'Egypte, il usa d'un stratagème singulier. Il fit passer devant son armée un nombre infini de chiens, de chats, et d'autres animaux que les Egyptiens regardaient comme sacrés. Ces derniers, n'osant se servir de leurs armes, dans la crainte de tuer quelqu'une de leurs divinités, furent bientôt mis en déroute, et leur place fut prise.

123. Pour se venger des Egyptiens qui avaient tué un héraut que Cambyse leur avait envoyé pour leur proposer de se rendre sans combat, il condamna le fils du roi d'Egypte à boire du sang de taureau, dont le malheureux prince mourut.

124. Cambyse, dans un accès de colère, tua de son poignard le bœuf Apis, auquel les Egyptiens rendaient les honneurs divins.

125. Il entreprit de soumettre les contrées de Lybie et d'Ethiopie ; mais il perdit deux armées dans les déserts.

126. Voulant savoir ce que ses sujets pensaient de lui, il interrogea Prexaspe, un de ses confidents. Celui-ci lui répondit qu'ils admiraient en lui d'excellentes qualités, mais qu'ils étaient un peu blessés de son penchant excessif pour le vin. « J'entends, dit le roi ; ils prétendent que le vin me fait perdre la raison : vous en jugerez tout-à-l'heure. » Là-dessus il se mit à boire plus qu'à l'ordinaire, fit placer à l'extrémité de la salle le fils de Prexaspe, et lui ordonna de tenir la main gauche sur sa tête. Puis bandant son arc : « Au cœur, » dit-il, et le jeune homme tombe expirant. « Ai-je la main sûre ? dit Cambyse d'un ton moqueur et triomphant. — Apollon lui-même ne tirerait pas plus juste, répond lâchement Prexaspe. »

127. Il conçut le criminel dessein d'épouser sa sœur Méroé ; et, quelque temps après, comme elle versait des larmes en apprenant la mort de son frère Smerdis, Cambyse la tua d'un coup de pied dans le ventre.

128. Jaloux de l'affection que les soldats témoignaient à son frère Smerdis, second fils de Cyrus, il le fit secrètement assassiner.

129. Cette cruauté ne servit qu'à susciter des usurpateurs. Patisithès, chef persan et confident de Cambyse, ayant appris que Smerdis était tué, et que sa mort était secrète, s'avisa de faire monter sur le trône un de ses frères nommé aussi Smerdis, et qui avait avec le premier une ressemblance frappante. Cette supercherie était d'autant plus facile, qu'en Perse peu de personnes approchent le roi qui, d'ailleurs, a le visage presque entièrement caché sous les ornements de la tiare.

130. Cambyse était en Syrie, lorsqu'il apprit que Smerdis usurpait la couronne de Perse. A cette nouvelle, il se mit en marche pour apaiser la révolte ; mais il mourut d'une blessure qu'il se fit en montant à cheval ; son épée lui traversa la cuisse.

131. Otanes, satrape de Perse, dont la fille Phédime était une des femmes de Smerdis, soupçonna l'imposture. Se rappelant que Cyrus avait fait couper les oreilles au faux Smerdis, il dit à sa fille d'examiner si son nouveau mari avait des oreilles. Ayant découvert que non, l'usurpateur et son frère furent mis à mort par sept seigneurs persans.

132. Ces sept seigneurs, embarrassés de savoir auquel d'entre eux appartiendrait la couronne, convinrent de s'en rapporter au hasard sur le choix qu'ils devaient faire.

133. Ils résolurent de se rendre le lendemain à cheval dans un certain endroit du faubourg de la ville, et convinrent que celui dont le cheval hennirait le premier au lever du soleil obtiendrait la royauté. Comme les chevaux se mettent à hennir lorsqu'ils en approchent d'autres avec lesquels ils sont accoutumés de vivre, Darius avait fait, dès la veille, conduire derrière des arbres, au lieu du rendez-vous, le cheval de son écuyer. De sorte que, cet animal ayant poussé un hennissement avant tous les autres, son maître fut aussitôt reconnu roi. Darius permit aux seigneurs, ses amis, de porter une tiare aussi haute que la sienne, avec cette seule différence que leur aigrette serait couchée, au lieu que la sienne serait droite.

134. Darius divisa son royaume en *satrapies ;* les gouverneurs de ces provinces portaient le nom de *satrapes.*

135. Les Babyloniens s'étant révoltés contre le gouverneur qui les dirigeait au nom du roi de Perse, Darius marcha contre eux ; mais les rebelles opposèrent une telle résistance aux Perses, que ceux-ci, après dix-huit mois de siége, étaient près de renoncer à l'espoir de les vaincre.

136. Zopyre, fils de l'un des seigneurs qui avaient donné la couronne à Darius, se dévoua pour la cause de son roi. Il se fit couper le nez et les oreilles, et déchirer le corps à coups de

verges. Il se présenta ainsi, couvert de blessures horribles, aux portes de Babylone, criant à ceux qui gardaient la ville que le roi, dans un accès de colère, venait de lui faire subir ce traitement atroce, et il leur jura que, s'ils consentaient à le recevoir dans leurs murs, tant qu'il lui resterait un souffle de vie, il l'emploierait à combattre le cruel Darius. Les Babyloniens ajoutèrent foi à ce récit, qui leur parut confirmé par les blessures sanglantes que Zopyre étalait à leurs yeux; et, persuadés qu'un pareil homme devait être impatient de vengeance, ils lui confièrent sans hésiter la garde de leurs remparts. Dès que Zopyre en trouva l'occasion, il en profita pour introduire les soldats de Darius dans la ville assiégée. Le roi se vit enfin maître de Babylone, dont il traita les habitants avec la dernière rigueur, et détruisit les fameuses murailles.

137. Darius ayant entendu parler des Scythes qui avaient envahi la Perse sous Cyaxare Ier résolut de les attaquer. La chaîne du Caucase, le Pont-Euxin (mer Noire), le bosphore de Thrace, rien ne l'arrêta. Ses soldats arrivèrent au bord du Danube, qu'ils franchirent au moyen d'un pont que Darius fit jeter sur le fleuve. Les Scythes, tout en fuyant Darius, avaient eu soin de boucher les puits et les fontaines, de sorte que la plupart des soldats périrent de faim et de soif. Darius

aurait eu le même sort, si un chameau, chargé d'outres pleines d'eau, ne lui eût sauvé la vie. En reconnaissance, il fit faire à cette bête de somme, dans une des plus belles provinces de l'empire, une écurie magnifique, qu'on nomma *Gangamela*, maison du chameau.

138. Darius, impatient de rejoindre les Scythes, fit dire à leur chef par un héraut : « Prince, pourquoi fuir continuellement devant moi ? Que ne t'arrêtes-tu pour me combattre, si tu te crois en état de résister ; ou, si tu es trop faible, pour fléchir devant ton maître ? — Si je fuis, répondit Indathyrse, ce n'est pas que je te craigne ; je ne fais que ce que j'ai coutume de faire pendant la paix. Nous n'avons, nous autres, ni villes, ni terres à défendre ; si tu veux nous forcer au combat, viens attaquer les tombeaux de nos pères, et tu sauras ce que nous sommes. »

139. Les Scythes, apprenant que Darius persistait dans son projet, malgré les dangers que courait son armée, lui envoyèrent un homme qui devait présenter au monarque persan un oiseau, une souris, une grenouille et cinq flèches. Darius s'imagina que ces présents annonçaient la soumission des Scythes ; mais on lui expliqua l'énigme bien différemment. « Sachez, lui fut-il dit, que si vous ne vous envolez dans l'air comme les oiseaux, ou ne vous cachez dans la terre

comme une souris, ou ne vous enfoncez dans l'eau comme une grenouille, vous n'échapperez point aux flèches des Scythes. »

140. Ce ne fut qu'après d'immenses dangers, et couvert de honte, que Darius ramena les débris de son armée. Il avait couru, entre autres, un grand péril. Il avait confié à des soldats grecs la garde du pont qu'il avait fait jeter sur le Danube. Ces soldats étaient de l'Ionie (province du Péloponèse en Grèce), que Cyrus avait conquise; ils étaient dirigés par Histiée, de Milet, et Miltiade, d'Athènes. Or, Miltiade avait proposé à Histiée de détruire le pont confié à leur garde, afin que l'armée perse et le roi lui-même périssent de l'autre côté du fleuve. Ces derniers ne durent leur salut qu'à la bonne foi de Histiée, qui rejeta avec mépris les propositions de Miltiade.

141. Darius ayant entrepris la conquête des Indes, eut d'heureux succès. Il les soumit en grande partie.

142. Maître des richesses de l'Inde, Darius revint au premier projet qu'il avait conçu dès le commencement de son règne : celui de conquérir la Grèce. La révolte des Ioniens lui en fournit l'occasion. De ce moment, l'histoire des Perses est mêlée à celle des Grecs.

143. Le culte des Perses eut d'abord pour objet les éléments, puis les astres. En 589 avant

Jésus-Christ, Zoroastre leur apporta de la Médie une religion appelée *Magisme*, du nom des *Mages* ses prêtres. Cette religion reconnaît deux principes : le bon, *Oromaze*, et le mauvais, *Arimane*.

144. La justice était rendue en Perse avec la plus scrupuleuse sévérité. Tout juge prévaricateur était puni de mort ; témoin celui dont la peau fut placée, par l'ordre de Cambyse, sur le siége où le fils du magistrat inique devait le remplacer.

Grèce.

145. Les principales contrées de la Grèce sont : l'Illyrie, la Macédoine, la Thrace, la Grèce proprement dite, l'Epire, la Thessalie, l'Etolie, la Doride, la Phocide, la Béotie, l'Attique, l'Achaïe, l'Elide, la Messénie, l'Arcadie, l'Argolide, le Péloponèse et la Grèce méridionale.

146. Les Grecs furent longtemps des sauvages sans lois et sans mœurs. Cependant ils avaient conservé les traditions de la religion primitive que Dieu avait révélée aux hommes. Ils lui adressaient des prières et lui offraient des sacrifices.

147. Des colonies étrangères qui apportèrent à ces peuplades les germes de la civilisation, y répandirent en même temps le culte de leurs diffé-

rentes divinités (Uranus, Saturne et Jupiter, personnages anciens que la Fable a divinisés) et la simplicité de la religion primitive fut bientôt altérée par les erreurs du paganisme. Les premières colonies vinrent d'Egypte (Afrique), et de Phénicie (Asie); elles fondèrent Argos, Sparte, Athènes et Thèbes.

148. Le plus ancien royaume de la Grèce est celui de Sycione (2164 avant J.-C.).

149. Persée, descendant d'Inachus, fondateur d'Argos, ayant tué par mégarde, dans les jeux publics, son grand-père Acrisius, ne put plus soutenir la vue d'Argos, témoin de ce meurtre involontaire. C'est pourquoi il transporta le siége de son royaume à Mycènes.

150. Parmi les successeurs de Persée, on distingue Atrée, si connu par sa haine contre Thyeste, à qui il fit servir dans un repas les membres de ses enfants; Agamemnon (petit-fils d'Atrée), qui prit Troie, et qui fut assassiné par un favori de sa femme Clytemnestre; Oreste, fils d'Agamemnon, qui, pour venger la mort de son père, tua sa mère.

151. Sparte fut fondée par Sparton, petit-fils d'Inachus.

152. Tyndare, l'un des successeurs de Sparton, donna sa fille en mariage à Ménélas, frère d'Agamemnon.

153. Ménélas, époux d'Hélène, ayant reçu à sa

cour le fils de Priam, roi de Troie, qui se nommait Pâris, celui-ci enleva Hélène. Ce fut la cause de la guerre de Troie.

154. Athènes fut fondée par l'égyptien Cécrops, qui s'établit dans l'Attique.

155. Parmi les successeurs de Cécrops, on remarque Amphictyon, qui forma le *Conseil amphictyonique*, ou réunion des principaux peuples de la Grèce pour résister à l'oppression des Thraces ; Erechtée, qui apprit aux Athéniens à cultiver le blé et à en faire du pain.

156. Codrus, attaqué par les Doriens et ayant appris de l'oracle que la victoire appartiendrait au peuple dont le roi serait tué, se dévoua pour le sien, et, sous l'habit de paysan, chercha la mort dans les rangs ennemis.

157. Codrus, par une singulière reconnaissance de la part des Athéniens, n'eut pas de successeur. La royauté fut remplacée par des archontes d'abord *perpétuels*, puis *décennaux* (pour dix ans), et enfin *annuels*.

158. Thèbes fut fondée en 1500, par le phénicien Cadmus, qui apporta en Europe l'écriture alphabétique.

159. Minos Iᵉʳ régna dans l'île de Crète, et son frère Rhadamanthe dans les îles de la mer Egée, avec tant de sagesse et de justice, que la Fable en a fait les juges des Enfers.

160. Les Grecs colonisèrent un grand nombre de contrées. Dans l'Asie-Mineure : Milet, Ephèse, Smyrne, Phocée, dont une colonie fonda Marseille, 600 avant Jésus-Christ ; en Espagne, Sagonte ; en Afrique, Cyrène ; en Italie, Tarente, Crotone, Ancône ; en Sicile, Catane, Syracuse, Agrigente, Panorme (Palerme), Messine.

161. L'*Ionie* était une province du Péloponèse, d'où les Ioniens, chassés par les Achéens, passèrent dans l'Asie-Mineure, dont le littoral prit le nom d'Ionie, parce qu'il fut habité par des hommes d'origine grecque.

162. Lycurgue fut le législateur de Sparte. Accusé de prétention au trône, il s'exila lui-même de son pays. Tout occupé d'un projet de législation, il parcourut l'île de Crète, l'Asie-Mineure, l'Egypte, pour consulter les hommes les plus habiles de ces contrées, si connues alors par la sagesse de leurs lois. Sa longue absence ne servit qu'à le faire plus désirer de ses concitoyens, et le vœu de la nation le rappela dans sa patrie, dont le salut demandait une réforme complète.

163. Lycurgue fit un partage égal des terres entre tous les citoyens. Pour bannir la cupidité, il remplaça les monnaies d'or et d'argent par une monnaie en fer, si vile et si lourde, qu'il fallait une charrette à deux bœufs pour porter une somme de cinq cents francs, et toute la capacité

d'une chambre pour la contenir. Il établit des repas publics qui étaient obligatoires même pour les rois, et auxquels la frugalité présidait toujours. Les enfants y assistaient pour apprendre la tempérance et la sagesse ; ils devaient répondre *clairement*, et surtout *laconiquement*, aux questions qu'on leur faisait. Les prières des Spartiates étaient brèves comme leurs discours ; ils demandaient aux dieux de protéger les gens de bien. Tout enfant contrefait ou faible était impitoyablement jeté dans les flots. L'enfance était accoutumée à ne rien craindre dans les ténèbres, à marcher nu-pieds, à coucher sur la dure, à porter le même habit dans toutes les saisons, en un mot, à s'endurcir contre le froid, le chaud, la fatigue et la souffrance.

164. Ce qu'on ne peut supporter dans les lois de Lycurgue, c'est l'usage qui dégradait des hommes pour en instruire d'autres, et par lequel on enivrait les Hilotes pour inspirer aux jeunes Spartiates l'horreur de l'ivresse.

Les Hilotes (habitants d'Hélos, ville de Laconie, en Grèce), ayant refusé de se soumettre aux Spartiates, furent réduits à un esclavage perpétuel.

165. Lycurgue substitua l'esprit guerrier à tout autre sentiment : les travaux de la terre, les métiers et les arts furent abandonnés aux Hilotes. Tous les ans, ces derniers recevaient, sans les

avoir mérités, un certain nombre de coups de fouet en souvenir de leur servitude. On les condamnait à mort sous les plus légers prétextes, sur les soupçons les moins fondés. La noblesse de la figure, l'élégance de la taille suffisaient pour attirer sur eux le fer de leurs bourreaux. Et quand on les jugeait trop nombreux, on envoyait contre eux, comme à la chasse, les jeunes Spartiates les plus braves, qui, dans une circonstance, en exterminèrent jusqu'à deux mille en une seule nuit.

166. Les Lacédémoniens étaient les habitants indigènes de Sparte. On appela exclusivement *Spartiates* les Doriens (en Grèce, de *Doride*), qui avaient trouvé le moyen de s'établir dans le pays.

On appelait *Ephores* des inspecteurs annuels dont la puissance, d'abord restreinte, s'accrut au point qu'il leur était permis de faire jeter le monarque dans les prisons publiques.

167. Les femmes mêmes, à Sparte, étaient si convaincues que l'honneur consistait à être bon guerrier, que l'une d'elles apprenant la mort glorieuse de l'un de ses fils, répondit sans s'émouvoir : « Je ne l'avais mis au monde que pour cela. »

168. L'éducation des femmes était toute guerrière. Et cependant les Lacédémoniennes étaient

plus sages, plus chastes et plus retenues que ne le sont actuellement les personnes du sexe les mieux élevées.

169. Aristagoras, qui gouvernait Milet au nom de Darius, engageait Cléomène, roi de Sparte, par des promesses et des présents, à lui prêter son aide dans une guerre qu'il voulait faire aux Perses en faveur des Ioniens ; Cléomène refusa. Aristagoras essaya d'ébranler sa résolution par l'offre d'une grande somme d'argent ; mais Gorgo, fille du roi de Sparte, qui était présente, s'écria : « O mon père, chassez vite cet étranger ; j'ai peur qu'il vienne à bout de vous corrompre ! » Un autre étranger marchant d'un air efféminé voulut s'approcher de la fière Lacédémonienne. « Lâche, lui dit-elle en le repoussant vivement, retire-toi, on voit à ta démarche que tu ne vaux pas une femme. »

170. Une Lacédémonienne, mère de cinq fils qui servaient ensemble, à la nouvelle d'une bataille qui venait de se donner, courut pour s'informer du succès. Elle interrogea le premier soldat qu'elle vit paraître. Cet homme, ne la croyant occupée que du sort de ses enfants, lui répondit qu'ils avaient tous péri en combattant vaillamment. « Méchant esclave, est-ce là ce que je te demande ? Comment vont les affaires de la patrie ? — Nous sommes vainqueurs, dit le soldat ! — Eh bien, s'écria-t-elle, que les dieux

soient loués ! je suis consolée de la mort de mes fils.

171. Un Lacédémonien, partant pour faire ses premières armes, se plaignait à sa mère que son épée était trop courte. « Tu feras un pas de plus, » lui dit-elle.

172. Une fille pauvre, à qui l'on demandait ce qu'elle aurait en dot, répondit d'un ton fier : « La chasteté lacédémonienne. »

173. La ville de Sparte fut l'arbitre de toute la Grèce tant qu'elle mérita de l'être. On peut juger des mœurs de ses habitants par le trait d'un certain Padarète, homme de mérite d'ailleurs, mais qui, n'ayant point été choisi pour l'un des trois cents d'un certain conseil, s'en retourna plein de joie, parce que, disait-il, Sparte avait trouvé trois cents citoyens qui valaient mieux que lui.

174. Lycurgue, pour engager les Lacédémoniens à observer inviolablement ses lois, leur fit promettre par serment de n'y rien changer jusqu'au retour d'un voyage qu'il devait faire. Il se laissa mourir de faim dans Delphes, après avoir ordonné qu'on jetât ses cendres dans la mer, craignant que, si l'on rapportait son corps à Sparte, les Lacédémoniens ne se crussent absous de leur serment. Cette législation dura près de sept siècles.

175. Il y eut trois cruelles guerres de Sparte

contre la Messénie, qui réduisirent les Messéniens au sort des Hilotes.

176. La Messénie, aux campagnes fertiles, excita la convoitise des Spartiates, qui, sur le plus futile prétexte, et sans déclaration de guerre, envahirent son territoire, surprirent la ville d'Amphis et en massacrèrent les habitants. Les Messéniens se défendirent avec courage ; mais affaiblis malgré les avantages qu'ils avaient remportés sur leurs ennemis, et décimés par une épidémie cruelle, ils firent consulter l'oracle de Delphes, qui déclara que, pour mettre fin à leurs maux, il fallait le sacrifice d'une jeune fille du sang royal. Aristodème, illustre guerrier, offrit sa fille en holocauste et la perça lui-même de son poignard. Ce sacrifice ranima l'ardeur des Messéniens ; ils fondirent sur les Spartiates et remportèrent des avantages marqués. Dans une des premières rencontres, leur roi Euphoès, se laissant emporter par son ardeur, succomba au milieu de la mêlée. Voulant récompenser le dévouement d'Aristodème, les Messéniens l'élurent roi à sa place. Il déjoua les efforts des Spartiates, et défit leurs principales forces dans une bataille rangée. Les deux peuples, également fatigués de cette guerre, se reposaient en paix, lorsqu'Aristodème, poursuivi par des visions funèbres, se tua sur la tombe de sa fille. Sa mort découragea les Messéniens, qui se rendirent la

vingtième année de la guerre, et furent réduits à l'esclavage.

177. Traités cruellement pendant quarante ans, les Messéniens se révoltèrent et choisirent pour chef Aristomène, prince du sang royal. Ils furent d'abord vainqueurs ; mais les Spartiates ayant demandé aux Athéniens, d'après le conseil de l'oracle, le poète Tyrtée, dont le génie valait à lui seul une armée, triomphèrent sous sa conduite.

178. Dracon donna le premier des lois à Athènes ; mais ces lois, écrites d'après le caractère de leur auteur, non avec de l'encre, mais avec du sang, eurent le sort des choses violentes, et tombèrent d'elles-mêmes.

179. Dracon jouissait à Athènes d'une grande popularité ; mais la reconnaissance de ses concitoyens lui fut fatale. Lorsqu'il montait au théâtre, les Athéniens lui témoignaient par de vifs applaudissements le plaisir qu'ils avaient de le voir, et, suivant leur coutume, jetaient par respect sur lui des coussins et des tuniques. Un jour, ils lui en jetèrent un si grand nombre, qu'il en fut étouffé sous le poids.

180. Solon vint remédier aux maux de son pays, et fut le véritable législateur d'Athènes.

181. Il sut approprier ses lois au caractère athénien, et, pour adoucir les mœurs de ce peu-

ple, il lui inspira l'amour des arts et des lettres. Comme on lui demandait si les lois qu'il avait données aux Athéniens étaient les meilleures, il répondit : « Oui, les meilleures qu'ils fussent capables de recevoir. »

182. Solon avait laissé au peuple le droit de suffrage dans les assemblées publiques où se décidaient les grandes affaires de l'Etat. C'est à ce sujet que le philosophe scythe Anacharsis reprochait au législateur athénien d'avoir réservé la délibération aux sages et la décision aux fous.

183. Ce fut Solon qui remit en honneur le célèbre tribunal de l'Aréopage, le plus auguste et le plus respectable de l'univers. Les séances se tenaient la nuit ou dans les lieux privés de la lumière, afin que nul objet extérieur ne détournât l'attention des juges.

184. Comme Solon n'avait fait aucune disposition pour le parricide, on lui demanda la raison de ce silence ou de cet oubli. « C'est, dit-il, que je n'ai cru personne capable d'un tel crime. » Il y avait de la sagesse, dit Cicéron, à ne point parler d'un forfait qui n'avait point été commis jusque-là.

185. Solon ayant fait un voyage, pendant son absence, Athènes retomba dans l'anarchie.

186. Pisistrate, citoyen d'Athènes, riche, généreux, populaire, possédant l'art d'éblouir et de

tromper, profita des discordes civiles pour s'emparer du pouvoir suprême qu'il exerça avec clémence, et d'une manière avantageuse à sa patrie.

187. Hipparque et Hippias, fils de Pisistrate, lui succédèrent. Ils imitèrent pendant quatorze ans la réserve de leur père, et comblèrent d'honneur et de richesses les poètes, entre autres Anacréon et Simonide.

188. Hipparque mourut victime du ressentiment de deux jeunes Athéniens que liait une étroite amitié, et qui se nommaient Harmodius et Aristogiton. Pour se venger du premier, dont il avait à se plaindre, Hipparque insulta sa sœur au milieu d'une procession solennelle. Les deux amis assassinèrent Hipparque pendant les Panathénées (fêtes de Minerve).

189. Hippias, irrité du meurtre de son frère, se montra cruel et se rendit odieux. Aristogiton, mis à la torture, nomma pour complices plusieurs amis d'Hippias, celui-ci les fit aussitôt mourir. Comme Hippias demandait encore de nouvelles révélations : « Je ne connais plus que toi digne de mort, » lui dit Aristogiton. Une femme condamnée aussi à la question se coupa la langue avec les dents, de peur que la douleur ne la forçât à quelque aveu.

190. Hippias fut chassé d'Athènes, dont les ha-

bitants ne respiraient plus que pour la liberté. Et pour se préparer à la vengeance, il alla chercher un asile chez Artapherne, satrape de Darius, roi des Perses.

191. Après l'expulsion d'Hippias, les grands tentèrent de s'emparer exclusivement des rênes de l'Etat. Clisthènes, rival de ce parti, releva le pouvoir populaire par l'établissement de l'*ostracisme*.

192. L'*ostracisme* était une espèce de loi qui soumettait les citoyens puissants au danger continuel de l'exil. Elle tirait son nom des écailles (en grec *ostreon*), sur lesquelles chaque citoyen écrivait son suffrage. Il fallait dix mille suffrages pour prononcer le bannissement qui était fixé à dix ans.

193. La religion de la Grèce ne fut qu'un amas monstrueux d'absurdités et d'infamies. C'est là qu'on vit dresser les premiers autels aux déités qui protégeaient les passions les plus honteuses et qui autorisaient tous les crimes.

194. La Grèce comptait quatre grands jeux : les Olympiques, les Néméens, les Isthmiques et les Pythiens.

195. Les jeux *Olympiques* se célébraient tous les quatre ans, dans le territoire d'Olympie (Péloponèse).

196. Une olympiade était l'espace de quatre ans.

197. Les jeux Olympiques étaient célébrés en l'honneur de Jupiter.

198. Les jeux *Néméens* tiraient leur nom de la forêt de Némée, près d'Argos, où on les célébrait en l'honneur de la victoire qu'Hercule avait remportée sur le lion de la forêt.

199. Les jeux *Isthmiques* étaient ainsi nommés parce qu'ils se célébraient dans l'isthme de Corinthe. On les institua en l'honneur de Neptune.

200. Les jeux *Pythiques* étaient ainsi nommés, du serpent *Python* dont Apollon avait délivré la contrée.

201. On appelait *Athlètes* ceux qui se destinaient à disputer le prix des combats.

Ils observaient une vie très-austère ; ils n'étaient nourris que de figues sèches, de noix, de fromage mou, de pain grossier, de viandes rôties. Le vin leur était interdit.

202. On n'admettait aux jeux publics que les Grecs libres et de mœurs irréprochables. Les vainqueurs ne recevaient qu'une couronne de laurier ou d'olivier. Mais, en revanche, on les reconduisait dans leur patrie sur un char de triomphe, et ils y rentraient, non par la porte, mais par une brèche que l'on faisait exprès à la muraille. Ils avaient, le reste de leurs jours, un droit de préséance, l'exemption de tout impôt, et, à Athènes, la nourriture aux frais du public.

Les poètes chantaient leur victoire ; leur nom était inscrit dans les fastes nationaux ; on leur érigeait des statues, et, quelquefois même, on leur rendait après la mort les honneurs divins.

203. La Carie est une province de l'Asie-Mineure dont les villes principales étaient Milet et Halicarnasse, colonies grecques. On ne connaît des rois de cette contrée que Mausole et Artémise sa femme.

204. Artémise s'est immortalisée par sa tendresse conjugale, et par la manière dont elle honora sa mémoire. Tendre épouse, elle fit élever à Mausole un superbe tombeau qui, par sa beauté, a passé longtemps pour une des sept merveilles du monde. Ayant eu le courage de recueillir les ossements et les cendres de son époux, elle les fit broyer, mit tous les jours de cette poudre dans sa boisson, jusqu'à ce qu'elle eut tout consommé, et fit ainsi de son corps le sépulcre de Mausole.

205. Cléobulina, fille de Cléobule, un des sept sages de la Grèce, était célèbre par son esprit, et par un talent particulier pour la poésie. Elle a composé des énigmes ; en voici une : Un père a eu douze enfants ; ces douze enfants ont eu chacun trente fils blancs et trente filles noires qui sont immortels, bien qu'ils meurent tous les jours. C'est l'année, qui contient douze mois,

composés chacun de trente jours et d'autant de nuits.

206. Corinne, native de Béotie, fut surnommée la *Muse lyrique*. Elle remporta cinq fois sur Pindare le prix de la poésie ; mais quelques-uns disent qu'elle dut ses succès plutôt à sa beauté qu'à ses talents. Elle pouvait, du moins, enseigner à ne point s'écarter du bon goût. Elle donna plusieurs fois à Pindare des avis dont ce grand poète sut profiter. Ayant appris d'elle que la poésie doit s'enrichir des fictions de la Fable, Pindare commença ainsi une de ses pièces : « Dois-je chanter le fleuve Isménas, la nymphe Mélie, Cadmus, Hercule, Bacchus ? » Tous ces noms étaient accompagnés d'épithètes. Corinne lui dit en souriant : « Vous avez pris un sac de grain pour ensemencer une pièce de terre, et, au lieu de semer avec la main, vous avez, dès les premiers pas, renversé le sac. »

207. Sapho, mariée presque au sortir de l'enfance, eut une fille nommée Cléis. Un prompt veuvage la livra dans une grande jeunesse à tous les dangers d'une âme ardente, à laquelle la raison ne sert point de guide. Elle mit ses poésies au jour et mérita le surnom de *dixième Muse*. Devenue célèbre par son esprit, elle eut le sort des grands hommes : l'envie la persécuta. Comme sa renommée fut aussi rapide qu'éclatante, toutes

les jeunes personnes de son sexe essayèrent, sous sa conduite, de disputer aux hommes la palme des talents. Ses jours s'écoulaient au milieu des hommages les plus flatteurs, et elle avait le double avantage de régner à la fois sur le cœur et sur l'esprit. Son malheur fut de trop plaire. Elle porta ensuite l'immoralité jusqu'à un point inconcevable, et, de désespoir de ne pouvoir satisfaire une passion, elle monta sur un promontoire, et se précipita dans les flots.

208. On a appelé *Guerres médiques* les guerres des Perses contre les Grecs.

209. Les Ioniens, peuples grecs, établis sur les côtes de l'Asie-Mineure, avaient été assujétis par Cyrus. Ayant trouvé moyen de se soustraire au joug, ils brûlèrent Sardes. Athènes, leur métropole (c'est-à-dire la ville-mère dont ils étaient sortis), leur avait envoyé vingt galères, dans l'intention de venger sur les Perses la faveur qu'Hippias avait trouvée auprès d'eux.

210. Darius, pour venger l'incendie de Sardes, envoya contre Athènes cent dix mille hommes, commandés par Artapherne.

211. La première expédition fut malheureuse. Une horrible tempête coûta aux Perses trois cents vaisseaux et plus de vingt mille hommes de l'armée navale. L'armée de terre, qui était campée dans un lieu peu sûr, fut massacrée par les Thraces.

212. Ce revers, loin de décourager Darius, ne fit que l'irriter davantage. Il envoya des hérauts par toute la Grèce pour demander la terre et l'eau, c'est-à-dire la soumission. Athènes et Sparte violèrent le droit des gens à l'égard des ambassadeurs, et les jetèrent les uns dans une fosse, les autres dans un puits, leur disant, avec une ironie barbare, de prendre là la terre et l'eau qu'ils demandaient. Darius, encore plus irrité de l'insulte que de la résistance, fait avancer ses troupes avec ordre de réduire Athènes en cendres, et d'en ramener tous les habitants chargés de chaînes. Les Perses, guidés par Hippias, se postent devant Marathon, au nombre de cent dix mille. Athènes cherche des alliés, mais elle ne trouve partout qu'indifférence ou refus. Sparte, guidée par une coutume superstitieuse qui ne lui permet de mettre ses guerriers en marche qu'après la pleine lune, les envoie quelques jours trop tard. Platée seule fournit mille soldats; chacune des dix tribus athéniennes en arme le même nombre. Onze mille Grecs devaient donc lutter contre cent dix mille Perses.

213. La Grèce comptait alors dans son sein trois grands hommes : Miltiade, Aristide et Thémistocle ; l'un, capitaine consommé, l'autre, juste entre tous les Grecs, et le troisième, avide de tous les genres de gloire. Ils font passer dans

leurs concitoyens l'enthousiasme qui les anime, et leur font entrevoir dans leur résolution le gage assuré de la victoire. Dix généraux devaient commander l'armée tour à tour. Aristide cède généreusement son privilége à Miltiade comme au plus habile. Tous les autres généraux, préférant le bien public à leur vanité personnelle, suivent un si rare exemple. Tous les soldats n'avaient plus qu'une même idée : celle de la patrie ; qu'un même espoir : celui de vaincre.

214. Miltiade songea à gagner du côté du poste ce qui lui manquait du côté du nombre. Le combat s'engagea dans les plaines de Marathon. Les Perses étaient plus de dix contre un Grec ; cependant ils furent vaincus. Hippias lui-même tomba sur le champ de bataille.

215. Un soldat tout fumant du sang des ennemis se détacha de l'armée pour donner le premier à ses concitoyens l'heureuse nouvelle de la victoire. Il arrive essoufflé d'une course continue de quinze lieues, et ne prononce que ces mots : « Réjouissez-vous, nous sommes vainqueurs ! » et tombe mort aux pieds de ceux qui l'écoutent.

216. Miltiade obtint une récompense digne de cette époque et de lui : ce fut d'être représenté dans un tableau du Pœcile, à la tête des chefs, exhortant les soldats et leur donnant l'exemple.

217. Le Pœcile était une galerie de tableaux.

218. La reconnaissance des Athéniens pour Miltiade ne fut pas de longue durée. Chargé de poursuivre les résultats de la victoire, et ayant échoué, il fut accusé, contre toute vraisemblance, de trahison. On le condamna à mort. Quelques citoyens vertueux entreprirent vainement de le défendre, en s'écriant : « Athéniens, souvenez-vous de Marathon ! » Tout ce que purent obtenir ces généreux défenseurs, ce fut une commutation de la peine de mort, qui fut remplacée par une amende de cinquante talents (278,000 fr.). Comme cette somme dépassait sa fortune, il fut jeté en prison, et le libérateur de la Grèce périt dans les fers.

219. Aristide ne fut guère mieux traité par ce peuple ingrat. Le spectacle de sa justice et la jalousie de Thémistocle, son rival, le firent bannir par le jugement de l'ostracisme.

Un passant qui ne le connaissait pas, et qui ne savait pas écrire, s'adressa à lui-même pour le prier de mettre le nom d'Aristide sur sa coquille. « Quel tort vous a fait cet homme ? lui demanda le vertueux citoyen. — Aucun, reprit le paysan ; mais je suis las de l'entendre appeler partout le Juste. » Aristide écrivit son nom. En partant pour l'exil, il pria les dieux de ne pas permettre qu'Athènes eût jamais sujet de le regretter.

220. Xerxès, fils et successeur de Darius, hérita

de son ressentiment contre la Grèce. Il fit donc d'immenses préparatifs pour une expédition nouvelle, qui menaçait l'ennemi d'une ruine totale. Il marcha contre la Grèce avec plus de deux millions d'hommes de pied ou de cavalerie, et une flotte montée par 240,000 marins.

221. Pour passer en Europe, il avait fait construire sur l'Hellespont (détroit des Dardanelles) un pont de bateaux. Une violente tempête l'ayant rompu, le prince, transporté de fureur, fit jeter à la mer deux paires de chaînes, donner trois cents coups de fouet aux flots, et trancher la tête aux directeurs du fragile ouvrage. Puis il en fit reconstruire d'autres que l'armée persane mit sept jours et sept nuits à traverser.

222. Pour faciliter la marche de ses troupes navales, il ordonna de percer le mont Athos en Macédoine (Grèce) ; en conséquence, il lui écrivit cette lettre extravagante en forme de défi : « Superbe Athos, ne sois pas si hardi que d'opposer à mes travailleurs des pierres et des rochers qu'ils ne puissent couper ; sinon, je te couperai toi-même en entier, et je te précipiterai dans la mer. »

223. Xerxès arriva ainsi en Grèce. Il était accompagné de Démarate, roi proscrit de Sparte. Xerxès demanda à celui-ci s'il croyait que les Grecs osassent l'attendre. « — Prince, n'en

doutez pas, interrompit le Lacédémonien. Pour ne parler que des Spartiates, fussent-ils abandonnés par tous les autres Grecs, fussent-ils même réduits à mille soldats, ils ne refuseront point la bataille ; que dis je ? ils viendront au-devant de vous, et l'exemple de leur résistance rendra la Grèce invincible. »

224. Les Spartiates mirent en mer trois cents voiles sous les ordres d'Eurybiade, de Sparte, que dirigeaient les conseils de Thémistocle l'athénien. Léonidas, roi de Sparte, fut chargé de défendre, avec sept mille hommes seulement, le défilé des Thermopyles (passage ainsi nommé, parce qu'il y avait près de là des thermes ou bains chauds), seul passage par lequel les Perses pussent pénétrer dans le cœur de la Grèce.

225. Xerxès, qui ne s'attendait pas à trouver ce passage gardé, essaya d'abord de gagner Léonidas par des offres magnifiques, et lui promit l'empire de la Grèce, s'il voulait reconnaître son autorité. Léonidas répondit que « son dessein était de délivrer sa patrie, et non de l'asservir. » Xerxès en vint aux menaces, et le somma de lui livrer ses armes. Léonidas lui répondit dans un style d'une fierté vraiment laconique : « Viens les prendre ! » On lui dit ensuite que les ennemis étaient si nombreux que leurs flèches obscurciraient le ciel. « Tant mieux, dit-il, nous combattrons à l'om-

bre. » La lutte s'étant engagée, Léonidas défendit avec succès le poste qui lui était confié. Xerxès perdit ses meilleures troupes. Léonidas ayant été trahi par un habitant du pays, qui indiqua aux Perses un sentier détourné par lequel on pouvait gagner un poste funeste aux Grecs, renvoya ses troupes pour les conserver à la Grèce, et ne garda avec lui que trois cents Spartiates, tous résolus de mourir à l'exemple de leur chef. « Braves compagnons, leur dit-il, dînez gaiement, comme si vous deviez souper ce soir chez Pluton. » Les Spartiates firent des prodiges de valeur. Enfin, accablés par le nombre plutôt que vaincus, ils périrent tous, à l'exception d'un seul, qui porta la nouvelle de l'action, mais qui fut regardé comme un traître, et ne trouva personne qui voulût lui parler ni le voir. L'inscription suivante fut placée près des Thermopyles : « Passant, va dire à Sparte que nous sommes morts ici pour obéir à ses saintes lois. »

226. Le passage des Thermopyles avait coûté vingt mille hommes à Xerxès ; il était disposé plus que jamais à détruire tout ce qui se trouverait sur son passage. Au milieu de ce désastre, il s'informa de ce que faisaient les Grecs. Il apprit qu'ils étaient aux jeux Olympiques, où le vainqueur n'obtenait pour toute récompense qu'une couronne d'olivier. « Quels hommes ! dit l'un des

seigneurs persans ; quels hommes, qui ne combattent que pour l'honneur ! »

227. Xerxès s'avança vers la Grèce, et alla se poster dans le détroit de Salamine, après avoir réduit en cendres la ville d'Athènes.

228. Quelques Grecs, à la tête desquels était Eurybiade, voulaient abandonner le détroit de Salamine, où étaient les ennemis, pour aller rejoindre les troupes de terre, qui étaient dirigées par Cléombrote, frère de Léonidas.

D'autres, sous la conduite de Thémistocle, regardaient comme une trahison envers la patrie de déserter le poste où les ennemis ne pouvaient faire usage de toutes leurs forces.

Eurybiade, irrité de ce que Thémistocle avait parlé avant son tour, lui dit : « On châtie ceux qui se lèvent sans ordre dans les combats publics. — C'est vrai, reprit Thémistocle ; mais on ne couronne pas ceux qui attendent trop tard et qui restent les derniers. » Alors Eurybiade levant son bâton de commandant comme pour le frapper : « Frappe, lui dit l'Athénien sans s'émouvoir, mais écoute. » Cette modération, jointe à la force de ses raisonnements, mit tout le monde de son avis, qui prévalut, et ce fut Thémistocle qui sauva la Grèce.

229. Aristide fut rappelé de l'exil pour aider Thémistocle à sauver la patrie. Les Perses furent

complètement défaits. Artémise, reine de Carie, alliée de Xerxès, après des efforts extraordinaires de hardiesse et de valeur, se voyant poursuivie par un navire athénien, arbora le pavillon grec, attaqua un vaisseau monté par un prince perse dont elle avait à se plaindre, et le coula à fond, ce qui donna lieu de croire qu'elle était du parti des Grecs.

230. Xerxès, se voyant défait, s'enfuit lâchement, et repassa presque seul en Asie dans une barque de pêcheur.

231. Thémistocle, en récompense de sa victoire de Salamine, lui qui avait dit, quelque temps auparavant, que les trophées de Miltiade ne lui laissaient point de repos, eut l'honneur de voir tous les Grecs se lever en sa présence aux jeux Olympiques. Heureux de ce triomphe, il avoua que ce jour était le plus beau de sa vie. La gloire suffit au vrai héros.

232. Xerxès, en s'enfuyant, avait laissé Mardonius, un de ses généraux, avec trois cent mille hommes pour finir la guerre. Celui-ci essaya d'abord de gagner les Athéniens ; mais Aristide qui les commandait lui fit cette fière réponse : « Sachez, lui dit-il en lui montrant le soleil, que tant que cet astre continuera sa course, les Athéniens seront ennemis des Perses, et ne cesseront de venger sur eux le ravage de leurs terres, l'in-

cendie de leurs temples et de leurs maisons. » On décréta des anathèmes contre ceux qui proposeraient une alliance avec les Perses ; on lapida un citoyen qui avait été d'avis d'écouter une seconde députation de Mardonius.

233. Mardonius, voyant que les ennemis ne voulaient pas traiter avec lui, marcha contre Athènes, dont il détruisit les malheureux restes, et se retira vers Platée.

234. Les Grecs, sous le commandement d'Aristide et de Pausanias, roi de Sparte, poursuivirent, au nombre de cent dix mille, Mardonius, qui tomba mort pendant la lutte. Les troupes perses, déconcertées par la mort de leur général, prirent la fuite, et la victoire fut aux Grecs.

235. Les Perses, vaincus à Salamine, s'étaient réfugiés au promontoire de Mycale (Asie - Mineure), où se trouvait leur armée de terre, forte de cent mille hommes. Les Grecs, commandés par Léotychide et Xantippe, père de Périclès, anéantirent le reste de l'armée persane. Depuis lors, les Perses n'osèrent plus pénétrer en Grèce.

236. Les Grecs, les Athéniens surtout, délivrés de la guerre, songèrent à rebâtir leur ville et à la fortifier. Sparte, voyant d'un œil jaloux la puissance maritime des Athéniens, et craignant de perdre la suprématie de la Grèce, allégua, pour empêcher l'agrandissement de sa rivale, de faux prétextes de bien public.

237. Thémistocle opposa la ruse à l'injustice des Spartiates. Il envoya à Sparte une députation dont il fut membre, et partit le premier, avertissant ses collègues de ne se mettre en route que les uns après les autres, et à petites journées. Pendant ce temps, on travaillait avec ardeur, nuit et jour, à la construction des forteresses d'Athènes. On découvrit l'artifice. Thémistocle nia le fait, et dit aux Spartiates d'aller le vérifier sur les lieux. En même temps, il avertit secrètement ses concitoyens de retenir les députés de Sparte en otages jusqu'à son retour. Quand la ville fut en état de défense, il déclara sans détour tout ce qui s'était passé. Les Spartiates, quoique piqués jusqu'au vif, dissimulèrent leur humeur.

238. Thémistocle, avide de gloire, plein d'ardeur pour l'agrandissement de sa patrie, était peu délicat sur le choix des moyens. Comme il avait envie que la marine d'Athènes devînt l'élément de sa prépondérance, il dit à Aristide, qu'on lui avait donné pour confident d'un projet important qu'il ne pouvait pas communiquer à tout le monde, qu'il avait le dessein de surprendre et de brûler la flotte des alliés, retirée dans un port voisin, ce qui eût fait d'Athènes la seule puissance maritime. Aristide déclara que rien n'était plus expédient et plus utile que le dessein de son collègue, mais que rien n'était plus injuste. D'un accord unanime, le peuple rejeta ce projet avantageux, par cela seul qu'il était contraire à la justice.

239. Pausanias, fier de ses succès à la bataille de Platée, médita d'asservir sa patrie. Mais son complot fut découvert, et il périt de faim dans le temple de Minerve, qu'il avait choisi pour refuge.

240. Les Grecs, irrités de l'orgueil de Pausanias, et séduits par les vertus d'Aristide le juste et les talents de Cimon, fils de Miltiade, confièrent aux Athéniens le commandement des troupes confédérées.

241. Thémistocle, riche et puissant, excita l'envie des Athéniens. En butte à leur ingratitude, il éprouva les rigueurs de l'ostracisme. On confisqua ses biens, et la haine publique le poursuivit, au point qu'il ne trouva d'asile assuré que chez le roi de Perse, Artaxerxès *Longue-Main*, ainsi nommé de ce que, dit on, il avait une main plus grande que l'autre.

242. Artaxerxès était fils et successeur de Xerxès, qui fut tué par Artaban, capitaine de ses gardes. Il est célèbre par la généreuse hospitalité qu'il donna au grand Thémistocle.

Il en avait souvent entendu parler, et avait promis une forte somme d'argent à quiconque le lui amènerait. Ne se possédant pas de joie d'avoir chez lui un si grand homme, il lui donna la somme promise, et chargea les quatre villes principales de son royaume de fournir au noble exilé, l'une le pain, l'autre le vin, l'autre la viande, et l'autre le vêtement. On dit même que, pendant son sommeil, on l'entendit répéter plusieurs fois : « J'ai Thémistocle l'athénien. »

243. Aristide mourut dans une pauvreté volontaire. Il avait eu, sans doute, plus d'un moyen de s'enrichir ; mais il les avait tous négligés, parce que, disait-il, les biens superflus multiplient les désirs de l'homme, et le véritable moyen de vivre exempt de besoin et d'embarras est de se borner au strict nécessaire. L'État fut obligé de voter des fonds pour les frais de ses funérailles, l'entretien de sa famille et la dot de ses filles.

244. Les Athéniens rendirent un jour un éclatant hommage à la vertu d'Aristide. Comme ils entendaient sur le théâtre vanter un personnage qui s'appliquait plus à être juste qu'à le paraître, tous fixèrent spontanément les yeux sur cet illustre citoyen.

245. Aristide étant juge dans une cause importante, le demandeur reprocha à son adversaire les outrages qu'il avait faits à ce grand homme. « Arrêtez, lui dit Aristide ; sachez que je suis juge, et qu'il s'agit des torts qu'on vous a faits, et non de ceux que j'ai soufferts. »

246. Cimon, fils de Miltiade, élevé au pouvoir, se distingua par d'éclatantes victoires sur les Perses, dont Artaxerxès était roi.

247. Artaxerxès ne trouvant plus de général à opposer à Cimon, proposa à Thémistocle de se mettre du côté des Perses contre les Athéniens. Celui-ci se trouva dans un cruel embarras. Il ne voulait ni désobliger le roi qui l'avait comblé de biens, ni manquer à ce qu'il devait à son ingrate patrie. Pour se tirer de cette situation critique, il s'empoisonna, dit-on, en buvant du sang de taureau.

248. Périclès, fils de Xantippe, un des vainqueurs de Mycale, fut tout à la fois un grand orateur et un grand général. Jouer le premier rôle dans sa patrie, tel fut le but unique de son ambition : il l'atteignit parfaitement. Il gouverna glorieusement Athènes, favorisa les beaux-arts, et mérita *de donner son nom à son siècle* (457 avant J.-C). C'est sous lui que florissaient Hérodote, Thucydide, Pindare, Euripide, Sophocle, Phidias, Hippocrate, Aristophane, etc.

249. La troisième guerre de Messénie eut lieu à l'occasion d'un tremblement de terre qui ébranla Sparte. Le mont Taygète avait enseveli vingt mille personnes sous ses débris : les Hilotes et les Messéniens se liguèrent pour consommer sa ruine. Bien que Pise soutînt les révoltés, le roi de La-

cédémone repoussa leurs premières attaques. Cette troisième guerre de Messénie dura dix ans.

250. Sparte s'était vue réduite à demander des secours à Athènes pour soutenir cette nouvelle guerre. Bien que quelques partisans de Périclès eussent soutenu qu'une ville rivale ne devait pas être aidée, et qu'il fallait au contraire se féliciter de sa ruine, il n'en fut point ainsi. Cimon eut horreur de cette politique, et son avis prévalut sur celui de Périclès. Il se mit à la tête des troupes, qu'il dirigea avec un plein succès.

251. Les Spartiates, honteux de devoir leur salut aux Athéniens, renvoyèrent injurieusement leurs secours. Athènes furieuse s'en prit à Cimon, et l'exil récompensa les efforts qu'il avait faits pour maintenir l'union entre les deux cités rivales, Sparte et Athènes.

252. Argos et Thèbes qui, pendant la guerre médique, avaient pris le parti ennemi, devinrent la cause d'une nouvelle guerre entre Athènes et Sparte. Un combat sanglant se livra près de Tanagre (Béotie). Les Athéniens vainqueurs abusèrent de leur victoire ; ils soulevèrent contre eux une haine presque générale, et Périclès, principal auteur de l'exil de Cimon, se vit obligé de solliciter le rappel de ce grand homme.

253. Cimon apaisa la guerre, et la tourna contre les Perses. Les succès les plus éclatants

couronnèrent celte entreprise, au point qu'Artaxerxès, craignant pour son trône, demanda la paix, et ne l'obtint qu'à des conditions humiliantes. Ainsi finirent les guerres médiques qui, toutes à la gloire des Grecs, avaient duré depuis l'incendie de Sardes, cinquante-un ans entiers (500-449).

Guerre du Péloponèse.

254. Les Grecs, victorieux des ennemis du dehors, rompirent les liens d'union qui jusque-là avaient fait leur force. D'un autre côté, la puissance et la supériorité d'Athènes, la jalousie de Sparte et de quelques autres villes, telles furent les vraies causes de la guerre du Péloponèse, qui éclata l'an 431 avant Jésus-Christ, entre Athènes et Sparte.

255. Athènes, devenue le théâtre de la guerre, se vit atteinte de la peste, et perdit cinq mille hommes en état de porter les armes, malgré les soins d'Hippocrate, célèbre médecin de Cos, qui se dévoua pour le salut de ses compatriotes.

256. Périclès, le grand roi, périt victime du fléau. Comme il était sur le point d'expirer, ses amis, s'entretenant près de son lit, se mirent à vanter ses exploits. Périclès, qui n'avait pas encore perdu connaissance, rompit le silence en

disant : « Vous oubliez ce qu'il y a dans ma vie de plus glorieux pour moi : c'est qu'il n'y a pas un seul citoyen à qui j'aie fait prendre le deuil. »

257. Le succès de la guerre avait été à peu près égal pour les deux villes rivales. Au bout de dix ans de lutte, épuisées par leurs pertes réciproques, elles conclurent une trêve de cinquante ans qui ne dura pas même une année.

258. Alcibiade, jeune athénien, ralluma par son ambition cette guerre qui paraissait assoupie. Il était beau, riche, de grande naissance, d'un esprit extraordinaire, affable, poli, caressant comme Périclès dont il était le pupille, et dont il voulait jouer le rôle dans sa patrie. Disciple aimé de Socrate, il avait un caractère souple et flexible, propre à prendre toutes les impressions du moment, et se portant avec la même ardeur au vice et à la vertu. Il aurait pu devenir l'homme le plus utile à sa patrie ; il aima mieux en devenir le plus funeste. Son libertinage l'exposait à la censure. Pour détourner l'attention des médisants, il fit couper la queue à un chien magnifique qu'il avait payé sept mille drachmes. Ce fut bientôt la nouvelle de toute Athènes. On l'avertit qu'il était universellement blâmé d'avoir défiguré cet animal. « Tant mieux, dit-il en riant, je veux que les Athéniens parlent de mon chien, pour qu'ils se taisent sur ma conduite. »

259. Sur ces entrefaites, Syracuse, ville de Sicile, et colonie des Corinthiens, eut à se défendre contre Ségeste, ville voisine, qui, trop faible pour se venger, appela le secours d'Athènes.

260. Nicias, qui gouvernait Athènes, représenta qu'il était téméraire de s'engager dans cette entreprise, tandis qu'on était environné d'ennemis. Les séductions, les grâces et l'éloquence d'Alcibiade entraînèrent le peuple, et la guerre fut résolue (416).

261. Les troupes athéniennes étaient parties, lorsqu'un évènement singulier remplit la ville de tumulte. En une nuit, toutes les statues de Mercure furent mutilées ou brisées. C'était un sacrilége aux yeux des Athéniens ; les ennemis d'Alcibiade l'en accusèrent.

262. Alcibiade, rappelé pour cela dans sa patrie, et redoutant l'arrêt d'un peuple aussi superstitieux que volage, s'enfuit à Sparte. Ayant appris que ses concitoyens l'avaient condamné à mort : « Je leur ferai bien voir, s'écria-t-il, que je vis encore ! »

263. Alcibiade, arrivé à Sparte, dirigea par ses conseils les ennemis de sa patrie. Il envoya le spartiate Gylippe pour secourir Syracuse, de sorte que les Athéniens, sous la conduite de Nicias, d'assiégeants devinrent bientôt assiégés,

et la victoire fut pour Syracuse, grâce aux secours qu'elle avait reçus du traître Alcibiade.

264. Par bonheur pour Athènes, Alcibiade ne conserva pas auprès des Spartiates un crédit funeste à sa patrie. Athènes, près de succomber, le rappela, et il revint triomphant au milieu des transports inexprimables du peuple dont il redevint l'idole.

265. Lysandre, amiral lacédémonien, ayant fait éprouver un léger échec à l'un des lieutenants d'Alcibiade, fut déposé, et celui-ci, qu'on regarda faussement comme la cause du mauvais succès, le fut aussi une seconde fois.

266. Sparte, craignant quelque mauvais résultat de l'ambition de Lysandre, le rappela, et mit à sa place Callicratidas, aussi vertueux qu'intrépide.

267. Callicratidas eut d'abord de grands succès sur les Athéniens, commandés par Conon, l'un des généraux qui avaient remplacé Alcibiade; il les bloqua dans le port de Mytilène (405). Mais Athènes ayant doublé ses forces, et Callicratidas, par un faux point d'honneur, ne voulant pas reculer devant eux, périt après des efforts inouïs de courage.

268. Lysandre dut reprendre le gouvernement de la flotte. C'était un homme pour qui la ruse et la franchise, le faux et le vrai, n'avaient entre

eux de différence qu'après le succès. Il avait coutume de dire qu'on amusait les enfants avec des osselets, et les hommes avec des serments. Et lorsqu'on lui dépeignait la fraude comme indigne d'un descendant d'Hercule : « Partout où la peau du lion ne peut atteindre, répondait-il, il faut y coudre la peau du renard. » Il surprit les Athéniens dans un de ses piéges, et quelques heures lui suffirent pour abattre sans retour la puissance d'Athènes, et mettre fin à une guerre qui durait depuis vingt-sept ans.

269. Quelques-uns des alliés de Sparte, les Thébains et les Corinthiens, voulaient qu'Athènes fût détruite. Mais le vainqueur Lysandre s'y opposa, disant que détruire une ville qui avait autrefois rendu de si grands services à Sparte, c'était crever un des yeux de la Grèce.

On décida que les fortifications seraient détruites ; que les Athéniens livreraient toutes leurs galères, à l'exception de douze : qu'ils suivraient les Lacédémoniens à la guerre partout où ceux-ci voudraient les mener.

270. Lysandre, en entrant dans Athènes, abolit la démocratie, et y substitua trente tyrans de son choix. Comme Lysandre rapporta à Sparte, sa patrie, avec les dépouilles des vaincus, d'immenses trésors, on délibéra si l'on recevrait cet argent, proscrit par les lois de Lycurgue. On dé-

cida qu'on l'emploierait aux dépenses publiques. C'est ainsi que les richesses, inconnues à Sparte, pénétrèrent dans ses murs. L'or amena à sa suite la corruption des mœurs, et le gouvernement de Lysandre est regardé comme l'époque de la décadence de cette république célèbre.

271. Athènes gémissait dans l'oppression sous le gouvernement des trente tyrans, qui firent mourir, en huit mois de paix, plus de citoyens que n'en avaient moissonné vingt-sept ans de guerre. Cette exagération prouve assez la grandeur du mal.

272. Alcibiade, quoique exilé, projeta de délivrer sa patrie de cette sanguinaire tyrannie. A cet effet, il alla demander du secours à la Perse ; mais les *Trente*, informés de ses intrigues, le firent assassiner par le satrape Pharnabaze, chez lequel il s'était réfugié.

273. Trasybule, général athénien, chassa les *Trente*. On les remplaça par les *Dix* qui, cruels comme leurs devanciers, furent déposés. La liberté fut ainsi rendue à Athènes, qui rentra pour quelque temps dans un calme profond.

274. La Perse n'était pas plus tranquille que la Grèce. Darius Nothus avait laissé deux enfants : Artaxerxès Mnémon, ainsi nommé à cause de sa prodigieuse mémoire, et Cyrus-le-Jeune. Celui-ci, dévoré d'ambition et jaloux de ce que son frère

avait hérité du trône de Perse, s'arma contre lui.

275. Pour s'assurer le succès, il s'allia treize mille Grecs, qui passaient pour les meilleurs et les plus braves soldats du monde. Ils se rencontrèrent à *Cunaxa*, près de Babylone, et Cyrus-le-Jeune reçut de son frère Artaxerxès le coup mortel qu'il cherchait à lui donner.

276. On a appelé *Retraite des Dix-Mille* la fuite heureuse des Grecs que Cyrus-le-Jeune avait appelés à son secours. Privés de leur chef, à six cents lieues de leur pays, environnés de grands fleuves et de nations ennemies, et de toutes sortes de dangers, ils parvinrent cependant, sous la conduite de Xénophon, à regagner la Grèce. Cette retraite leur apprit le secret de leur force, en même temps qu'aux Perses celui de leur faiblesse.

277. Agésilas, roi de Sparte, porta la guerre en Asie, fit trembler le roi de Perse Artaxerxès Mnémon sur son trône, et gagna la bataille de *Coronée* (en Béotie, province de la Grèce) sur Thèbes, Argos, Athènes et Corinthe, qui s'étaient liguées ensemble (394 avant J.-C.).

278. L'athénien Conon, qui avait succédé à Alcibiade, s'était concilié la faveur du roi de Perse, qui lui avait confié quantité de vaisseaux. Les Spartiates, craignant pour leur prépondérance, députèrent Antalcidas pour détacher à tout prix les Perses de la ligue des Grecs.

Antalcidas conclut pour cela avec les Perses le traité honteux auquel son nom est resté attaché, et par lequel ils abandonnaient aux Perses toutes les villes grecques d'Asie.

279. Cinq ans après le traité d'Antalcidas, les Spartiates s'emparèrent, en pleine paix et par trahison, de la citadelle de Thèbes.

280. Thèbes comptait à cette époque, parmi ses citoyens, deux hommes illustres : Epaminondas et Pélopidas, tous deux liés d'une étroite affection qui dura toute leur vie.

281. Pélopidas entreprit de délivrer sa patrie de l'oppression. Suivi de quelques compagnons fidèles, il part secrètement et marche contre les magistrats établis à Thèbes par Sparte. Ceux-ci étaient alors au milieu d'un festin, lorsqu'arrive d'Athènes un courrier qui contenait tous les détails de la conjuration. Il avertit les chefs de lire sur le champ les lettres à cause de leur extrême importance. « A demain, s'écrièrent-ils, les affaires sérieuses ! » Là-dessus, ils se mirent à boire de nouveau sans ouvrir les lettres. Mais bientôt les conjurés paraissent, et égorgent les magistrats qui étaient plongés dans le vin. Le lendemain, à la voix d'Epaminondas, toute la jeunesse de Thèbes prend les armes, et la garde lacédémonienne se rend presque sans combat.

282. Pélopidas et Epaminondas gagnèrent sur

Agésilas et Cléombrote les batailles de Tégyre et de Leuctres.

283. Pélopidas mourut en combattant le tyran Alexandre. Epaminondas, à la bataille de Mantinée, qui se donna entre Thèbes et Sparte, reçut une blessure mortelle dans la poitrine. Tous ses soldats éclataient en sanglots. Epaminondas, avant d'expirer, s'informe du sort de la bataille et des armes. On lui apprend que les Thébains sont vainqueurs. « Eh bien, dit-il, ma vie est assez longue, car je meurs sans avoir été vaincu. » Comme ses amis le plaignaient de mourir, et encore sans enfants : « Je meurs au comble de la gloire, reprit-il, car je laisse Thèbes triomphante, Sparte humiliée et la Grèce libre. Du reste, je ne meurs pas sans postérité, Leuctres et Mantinée, voilà deux filles illustres qui ne laisseront pas périr mon nom. » A ces mots, il tira lui-même le fer de sa plaie et mourut. C'était le plus grand homme de son siècle, et peut-être de la Grèce. Après lui, Thèbes retomba dans la dépendance et l'obscurité.

284. Agésilas, roi de Sparte, mourut à l'âge de quatre-vingt-quatre ans, au retour d'une expédition qu'il avait faite en Egypte, pour défendre cette contrée contre le roi de Perse.

285. Le grand roi de Perse, Artaxerxès Mnémon, mourut, laissant cent cinquante-trois fils, dont l'ambition avait accéléré sa mort.

286. Ochus, l'un des fils d'Artaxerxès, lui succéda. Obligé de soumettre les Egyptiens révoltés, il renouvela, à l'égard de ce peuple superstitieux, toutes les fureurs de Cambyse. Il fit servir le bœuf Apis rôti dans un festin qu'il donnait à ses courtisans.

287. Parmi les généraux de l'armée des Perses se trouvait un officier nommé Bagoas, qui était égyptien d'origine. Indigné du sacrilége d'Ochus, il résolut d'en tirer une terrible vengeance. Il empoisonna son roi dans un festin ; puis, lorsqu'Ochus fut mort, Bagoas fit dévorer sa chair par des chiens. Il voulut en outre que l'on fabriquât avec les os du monarque des manches de couteaux, dont il affecta de se servir habituellement à table, pour montrer que le sacrilége avait été puni là où il avait commis le crime.

288. Après cette vengeance, Bagoas plaça sur le trône de Perse Darius Codoman. Deux rois de ce pays avaient, avant lui, porté le nom de Darius : d'abord, Darius, fils d'Hystaspe, qui fut roi après le meurtre du mage Smerdis, et un autre Darius Nothus, fils d'Artaxerxès Longue-Main.

289. Les derniers généraux illustres d'Athènes se distinguèrent dans la *guerre sociale*.

290. On appela *Guerre sociale* la ligue des villes de Cos, Chio, Rhodes et Byzance qui, soustraites au joug d'Athènes par Epaminondas,

étaient, après la mort de ce grand général, re-
tombées dans la dépendance. Excédées par leurs
oppresseurs, elles se soulevèrent. Charès, Cha-
brias, Iphicrate et Thimotée durent lutter contre
elles. Celui-ci, toujours heureux, avait été représenté par des jaloux plongé dans le sommeil,
tandis que la Fortune, près de lui, prenait des
villes dans ses filets. Il répondit à cette raillerie
en disant : « Si tout endormi je prends des villes,
que ne ferai-je point éveillé ? » Athènes n'en fut
pas moins forcée de reconnaître l'indépendance
les quatre villes.

291. Darius Codoman mourut après avoir été
vaincu par Alexandre. Avec lui finit le grand empire des Perses que Cyrus avait fondé (à peu près
540 avant Jésus-Christ, et qui finit 323 ans avant
Jésus-Christ).

Il avait donc duré environ deux cent dix-sept
ans.

292. Le royaume de Macédoine, fondé par
Caranus (796 avant Jésus-Christ), resta obscur
et dépendant des Perses ou des Grecs jusqu'au
règne de Philippe II.

293. Philippe II, élève d'Epaminondas et père
d'Alexandre-le-Grand, rendit la Macédoine puis-
sante et glorieuse, et lui donna en peu de temps
une prééminence marquée sur les autres Etats
de la Grèce. Mais les armes qu'il employa pour

parvenir à ce but ne lui font point honneur, car c'étaient le plus souvent la ruse et l'adresse.

294. On appela *Guerres sacrées* celles que les Grecs entreprirent pour se venger des Phocidiens qui avaient labouré des terres consacrées à Apollon.

295. Pendant ces guerres auxquelles Philippe ne prit aucune part, il se fortifia par d'utiles conquêtes ; il se rendit maître, entre autres villes, de Méthone (Thrace).

296. Au siége de Méthone, Philippe perdit un œil par une aventure assez singulière. Un arbalétrier, nommé Aster, s'était offert à lui sur le pied d'un excellent tireur qui ne manquait pas les oiseaux au vol. « Eh bien, lui dit Philippe, je vous prendrai à mon service quand je ferai la guerre aux étourneaux. » La raillerie piqua au vif l'arbalétrier qui, s'étant jeté dans la place assiégée, tira contre Philippe une flèche où il avait écrit : « Aster, à l'œil droit de Philippe. » Il lui prouva cruellement qu'il savait bien tirer, car il lui creva l'œil droit. Philippe lui renvoya la même flèche avec cette inscription : « Si Philippe prend la ville, il fera pendre Aster. » Et il lui tint parole. Souvent un bon mot coûte cher, et ce n'est pas un petit mérite de savoir contenir sa langue : Philippe et Aster l'éprouvèrent en cette occasion.

297. Comme la *guerre sacrée* continuait entre les Phocidiens et les Thébains, ceux-ci appelèrent Philippe à leur secours. Philippe, avant le combat, fit prendre à tous ses soldats des couronnes de laurier, arbre consacré à Apollon. A cet aspect, les ennemis se crurent vaincus, et Philippe mit ainsi fin à la guerre sacrée qui durait depuis dix ans.

298. Philippe, malgré les efforts de *Démosthènes* (1), le prince des orateurs, et de *Phocion*, le plus intègre des généraux, remporta, sur les Athéniens et les Thébains, la fameuse et décisive bataille de *Chéronée*, qui le rendit maître de toute la Grèce. Alexandre, son fils, y avait glorieusement essayé ses premières armes.

299. Phocion était un habile capitaine, grand homme d'État, d'une austère vertu et d'un ardent patriotisme. Loin de flatter les Athéniens, il heurtait presque toujours leur sentiment. Un jour qu'il fut applaudi de tout le monde : « N'ai-je point lâché quelque sottise ? » dit-il à un de ses amis, tant il connaissait la frivolité de ce peuple.

300. Philippe proposa aux Grecs de tourner leurs armes contre les Perses. Il fut nommé généralissime de cette expédition. L'oracle ayant été consulté répondit : « Le taureau est déjà cou-

(1) Voir Démosthènes, aux Philosophes célèbres.

ronné ; sa fin approche, il va bientôt être im-
molé. » En effet, un des officiers de Philippe,
irrité de ne pas obtenir du roi la punition d'un
outrage qu'il avait reçu, le poignarda dans une
fête.

301. A des vices déshonorants, tels que la per-
fidie, l'intempérance, la débauche, Philippe joi-
gnait des qualités rares : un génie profond, une
prudence consommée, un courage invincible. Il
souffrait patiemment la vérité et les reproches ;
il avait même un homme payé pour lui dire tous
les jours, avant qu'il donnât audience : « Philippe,
souviens-toi que tu es mortel. »

302. Voici un trait de la modération de Philippe : Démocharès, orateur grec, neveu de Démosthènes, fut envoyé en ambassade auprès de
Philippe. Ce prince lui ayant demandé ce qu'il
pouvait faire d'agréable aux Athéniens : « Vous
pendre, » répondit Démocharès. Les Grecs qui
accompagnaient l'ambassadeur furent indignés de
cette imprudence ; mais Philippe les congédia
avec douceur, et ordonna à Démocharès de demander aux Athéniens qui méritait mieux le surnom de sage, ou de ceux qui se permettaient de
pareils discours, ou de celui qui n'en témoignait
aucun ressentiment.

303. Voici un trait de justice de Philippe. Une
pauvre femme s'était présentée plusieurs fois de

vant lui pour qu'il terminât son procès, et toujours elle avait été repoussée par cette réponse : « Je n'ai pas le temps. » — Eh ! mais, répliqua-t-elle, si vous n'avez pas le temps de me rendre justice, cessez donc d'être roi ! » Ces mots firent rentrer Philippe en lui-même, et sur le champ il répara sa faute.

304. Une autre femme s'avisa de le prendre à la fin d'un long repas pour plaider une cause. Le roi trouva ses raisons mauvaises et la condamna. — J'en appelle..., dit-elle de sang-froid. — Comment ! dit Philippe, vous en appelez de votre prince ? et à qui ?.. — A Philippe à jeun, » répliqua-t-elle. Il examina de nouveau l'affaire, reconnut qu'il avait tort, et changea sa première décision.

305. Le célèbre médecin qui vivait du temps de Philippe était Ménécrate, de Syracuse, extrêmement habile, mais plus vaniteux encore. Il se faisait accompagner de tous ceux qu'il avait guéris, et les faisait habiller, les uns en Esculape, d'autres en Hercule, se réservant la couronne, le sceptre et le nom de Jupiter, comme ayant redonné la vie aux autres. Il écrivit un jour à Philippe : « Ménécrate-Jupiter à Philippe, salut. » Philippe lui répondit : « Philippe à Ménécrate, santé et bon sens. » Ce prince l'ayant invité un jour à un grand festin le fit placer à une table séparée, où on ne

lui servit pour tout mets que de l'encens et des parfums, pendant que les autres convives goûtaient tous les plaisirs de la bonne chère. Quoique flatté d'abord de cette distinction, il se dégoûta d'être Jupiter, et prit brusquement congé de la compagnie.

306. Alexandre-le-Grand succéda à son père sur le trône de Macédoine, en 336, à l'âge de vingt ans.

307. Dès sa plus grande jeunesse, il annonça ce qu'il serait un jour. Son père lui avait appris tout ce qui pouvait élever son âme et son génie naturellement portés à la gloire.

L'*Iliade* (poème d'Homère sur la prise de Troie) faisait ses délices, parce qu'il y trouvait des combats héroïques :

> Et voyageur armé pour conquérir la terre,
> Alexandre, en Asie, emporta son Homère.

308. Une particularité assez remarquable donnait à la physionomie d'Alexandre une expression étrange ; c'était la couleur différente de ses yeux : le droit était noir, et le gauche bleu.

309. Le grand en toutes choses, telle était la passion d'Alexandre. On lui demandait s'il ne disputerait pas, comme son père, le prix aux jeux Olympiques. « J'irais, dit-il, si j'avais des rois pour adversaires ; mais que m'importe de vaincre

des rivaux indignes de moi ! » Quelquefois on le vit soupirer au récit des exploits de Philippe. « Mon père, ajoutait-il, ne me laissera rien à faire quand je serai dans l'âge de commander ! » Anaxarque, l'un de ses maîtres, lui disait un jour que les mondes sont innombrables. « Hélas ! s'écria-t-il, et je n'en possède aucun ! »

310. Comme Alexandre avait un grand respect pour les dieux, il se plaisait à leur offrir des sacrifices. Un jour, pendant une cérémonie, il jeta dans le feu sacré une si grande quantité d'encens, que Léonidas, son gouverneur, homme sévère, et qui n'aimait pas la dépense, lui reprocha sa profusion inutile. « Attendez, pour brûler tant d'encens, lui dit-il, que vous ayez conquis le pays d'où on l'apporte. » Alexandre, ayant subjugué l'Asie, envoya à Léonidas un navire chargé de parfums, avec un billet contenant ces mots : « Ne soyez pas, à l'avenir, si parcimonieux en sacrifiant aux dieux ; vous voyez qu'ils rendent avec usure les offrandes qu'on leur fait. »

311. Alexandre donna une preuve de son adresse et de son courage en domptant un cheval fougueux que personne ne pouvait monter, tant il était ombrageux et terrible. Les meilleurs écuyers avaient déclaré ce cheval inutile et sans valeur, parce qu'on n'en pourrait tirer aucun service. Alexandre, qui était présent, ne put s'em-

pêcher de dire : « Quel bon cheval ces gens-là vont perdre par leur maladresse et leur peu de courage ! » Philippe reprit fortement Alexandre qui parlait ainsi devant ses meilleurs écuyers, comme s'il se croyait capable de le dompter mieux qu'eux. — « Oui, je le dompterai, si vous voulez me le permettre, » dit Alexandre. Tous les officiers se mirent à rire ; mais Alexandre s'étant souvenu que son père lui avait donné le cheval s'il le domptait, saisit la bride de *Bucéphale*, et le tournant de manière à ce qu'il ne pût apercevoir son ombre, il s'élança sur son dos avec une adresse merveilleuse.

L'animal n'eut pas plus tôt senti le poids du cavalier qu'il entra en furie, et chercha, par ses bonds et ses ruades, à le désarçonner. Ne pouvant y parvenir, il s'élança en avant. Alexandre, bien loin de le retenir, le poussa encore, et quand il voulut s'arrêter, ruisselant de sueur et hors d'haleine, il lui donna de l'éperon, et le força ainsi à prolonger sa course, bien malgré lui, jusqu'à ce qu'il s'arrêta épuisé et vaincu. Philippe pleura de joie, et embrassant son fils, il lui dit : « Le royaume que je te laisserai est trop petit pour un homme comme toi. »

312. Alexandre, après avoir soumis plusieurs peuples, se fit nommer généralissime des Grecs contre les Perses.

313. Ce conquérant porta la guerre en Asie, battit les Perses, défit leur roi Darius Codoman, et, par la victoire d'*Arbelles*, mit fin à l'empire des Perses.

314. Dans les diverses batailles qu'il livra en Asie, il courut de grands dangers. Au combat du Granique, une hache ennemie allait s'abattre sur sa tête, lorsque Clitus, un de ses plus fidèles officiers, arriva assez promptement pour trancher la main prête à le frapper.

315. Lampsaque, ville de l'Asie-Mineure, dont Alexandre avait à se plaindre, allait être détruite par le vainqueur. Heureusement, elle renfermait dans ses murs Anaximène, l'un des professeurs d'Alexandre. Anaximène vint donc au-devant du prince irrité pour le supplier d'épargner sa patrie. Mais avant qu'il eût ouvert la bouche, le roi, qui ne pouvait douter de sa démarche, s'écria : « Je jure par les dieux que je vous refuserai la demande que vous allez me faire. » — « Prince, reprit Anaximène sans se déconcerter, je vous supplie de détruire Lampsaque. » Alexandre admira l'adresse du philosophe, et, par respect pour son serment, il épargna la ville.

316. Alexandre, après la prise de Tarse, faillit perdre la vie. A la vue des eaux limpides du Cydnus, il eut envie de s'y baigner. Comme elles étaient très-froides, à cause de l'ombrage impé-

nétrable qui les couvrait, à peine y fut-il entré qu'il se sentit saisi d'un violent frisson, et perdit connaissance. On l'emporta dans sa tente à demi-mort. Dès qu'il eut repris ses sens, il déclara qu'il voulait des remèdes actifs, violents même, et qu'après tout, il aimait mieux une mort prompte qu'une guérison tardive. L'impatience du monarque alarmait tout le monde, et ses médecins n'osaient hasarder aucun médicament. Enfin Philippe, un d'entre eux, entreprit cette cure merveilleuse. Sur ces entrefaites, le roi reçut de Parménion une lettre qui l'avertissait que son médecin voulait l'empoisonner. Lorsque Philippe présenta la potion, Alexandre lui remit la lettre, et saisissant la coupe de ses mains, les yeux attachés sur lui, il la vida sans hésiter. Le médecin, en lisant la lettre, témoigna plus d'indignation que de crainte. « Seigneur, dit-il, votre guérison me justifiera du parricide dont on m'accuse ! » En effet, trois jours après, Alexandre rétabli put se faire voir à son armée. C'est là un des plus beaux traits de la vie d'Alexandre : il venait de croire à la vertu, au péril de sa propre vie.

317. Ayant défait Darius Codoman à la bataille d'Issus, il recueillit parmi les prisonniers persans Sisygambis, mère de Darius, ainsi que sa femme, deux de ses filles, et son fils encore enfant ; mais il adoucit leur infortune par un traitement noble et

généreux : il alla même leur porter des consola-
tions. Sisygambis, le voyant entrer avec son favori
Héphestion, se jeta aux pieds de cet officier qu'elle
prenait pour le roi, parce qu'il était plus grand
de taille. Avertie de sa méprise , elle craignit de
l'avoir offensé. « Non, ma mère, lui dit ce prince,
vous ne vous êtes point trompée, car il est aussi
Alexandre. »

318. Irrité de la fidélité des Juifs pour le roi
de Perse, Alexandre s'avança vers Jérusalem pour
la punir et la traiter comme il avait traité Tyr,
Sidon, Tarse, et tant d'autres villes. Mais il reconnut dans le grand-prêtre Jaddus les traits de
l'homme vénérable qui lui avait promis en songe
l'empire d'Asie, lorsqu'il était encore en Macédoine. Plein de respect, il se prosterna devant le
nom du vrai Dieu, et, loin de maltraiter les Juifs,
il les combla de priviléges et de bienfaits.

319. Alexandre, arrivé en Phrygie, voulut voir,
à Gordium , le célèbre nœud gordien. Dans un
des temples de cette ville, on montrait un chariot
au timon duquel se trouvait un nœud si artiste-
ment fait que personne ne pouvait le dénouer.
On assurait que ce chariot ayant été consacré
autrefois à Jupiter, un oracle avait fait connaître
que celui qui déferait ce nœud deviendrait cer-
tainement le maître du monde entier. Alexandre,
informé de cette prédiction, voulut aussi tenter de

dénouer ce lien difficile ; mais, après avoir inutilement essayé d'y parvenir, il tira son épée, et trancha sans hésiter le nœud gordien, se flattant ainsi d'avoir satisfait à l'oracle, et d'être celui-là même à qui l'empire du monde était promis.

320. En passant par l'Egypte, il résolut de fonder, à l'une des embouchures du Nil, une ville qu'il peupla entièrement de Grecs, et à laquelle il donna le nom d'Alexandrie.

321. Alexandre conquit ainsi toutes les capitales de l'empire persan, et comme il allait à la poursuite de Darius, il apprit que ce prince infortuné était tombé entre les mains d'un traître nommé Bessus qu'il croyait son ami, et qui l'abandonna sur le grand chemin après l'avoir percé de flèches. Avec ce prince finit, l'an 330 avant Jésus-Christ, la monarchie persane fondée par Cyrus, après avoir duré deux cent six ans sous treize rois.

322. Après tant de victoires, Alexandre se livra à toute la violence de ses passions. Echauffé par le vin, un jour il se mit à vanter ses exploits, et chercha à rabaisser ceux de Philippe, son père. Clitus, le même qui avait sauvé la vie au monarque au passage du Granique, et qui en était chéri, lui rappela qu'il n'avait vaincu qu'avec les soldats de son père ; il osa même lui reprocher la mort de Parménion, un de ses plus braves officiers, et celle de son fils Philotas, qu'Alexandre

7

aváit fait assassiner parce qu'on avait vanté en sa présence les grandes qualités de cet officier. Le roi, ivre de vin et de fureur, perça Clitus de sa javeline en lui disant : « Va t-en maintenant trouver Philippe et Parménion. » Il en eut le plus amer regret toute sa vie.

323. Comme il voulait entreprendre la conquête de l'Inde, Porus, un des plus puissants rois du pays, se disposa à repousser le conquérant. Mais il fut défait. Alexandre lui demanda comment il voulait qu'on le traitât. — « En roi, » reprit le vaincu avec fierté. Le vainqueur, frappé de tant de dignité dans une si grande infortune, lui rendit son royaume, auquel il ajouta plusieurs provinces, et lui demanda son amitié que Porus lui conserva toute sa vie.

324. Ce fut dans cette bataille contre Porus que périt, atteint de plusieurs blessures, le fameux Bucéphale qui avait porté Alexandre dans toutes ses guerres. Ce prince, pour conserver le souvenir de ce fier compagnon de ses travaux, lui fit élever un magnifique tombeau, auprès duquel il éleva une grande ville qui reçut le nom de *Bucéphalie.*

325. Avant de retourner à Babylone, il fit élever, sur les rives du Gange, douze autels en pierre, pour marquer le lieu où il s'était arrêté, et fit déposer dans plusieurs endroits des armures

et des mors de chevaux d'une grandeur extraordinaire, afin que ceux qui les trouveraient un
jour s'imaginassent que les soldats d'Alexandre
étaient d'une nature supérieure à celle des autres
hommes.

326. Comme ils approchaient de Babylone, une
sédition éclata parmi ses soldats. Pour la com-
primer, il ne fallut pas moins que toute la ma-
gnanimité d'un Alexandre. « Vous me demandez
tous votre congé, leur dit-il, je vous le donne.
Allez publier par toute la terre que vous avez
abandonné votre prince à la merci des nations
qu'il a vaincues ; elles lui témoigneront plus d'affection que vous. » Ce peu de mots les fit rentrer
dans le devoir.

327. De retour à Babylone, Alexandre reçut
des ambassadeurs de presque tous les peuples
d'Europe et d'Asie, qui accouraient en foule pour
le combler de félicitations et d'hommages. Ils furent introduits auprès du conquérant qu'ils voulaient voir en face. Alexandre leur demanda ce
qu'ils craignaient le plus, ne doutant point qu'ils
répondraient : Le roi de Macédoine !... — « Nous
craignons seulement, dirent-ils, que le ciel ne
tombe, car alors nous serions écrasés ; hors de là,
nous ne craignons rien ; » voulant dire qu'ils ne
pourraient avoir peur que de lui ; mais que dès-
lors qu'ils étaient ses sujets, ils n'avaient plus rien

à craindre. Cette réponse charma le héros, qui les combla de présents.

328. Maître de la Macédoine, de la Grèce entière, de l'Égypte, de la Perse, de l'Inde, Alexandre, parvenu au plus haut point de la gloire, méditait encore de nouveaux exploits. On dit même que, dans le délire de son ambition, il rêva la conquête de la lune. Comme ses généraux déclarèrent l'entreprise impossible, le monarque se prit à pleurer, d'après la belle expression de saint François de Sales, comme un enfant à qui l'on refuserait une pomme (329). Après un an de repos et de préparatifs pour de nouvelles conquêtes, un festin somptueux est donné comme le signal du départ. Les convives se gorgent de vin ; la raison du roi chancelait déjà, lorsqu'on apporta une fameuse coupe qui contenait six bouteilles. Alexandre la vida à deux reprises d'un seul trait, et tomba sans connaissance sur le marbre de la salle. Saisi d'une fièvre violente, il est transporté mourant dans son palais. Le mal fut bientôt jugé sans remède. Ses soldats affligés désiraient le voir une dernière fois ; quelque faible qu'il se sentît, il fit un effort, et, se soutenant sur le coude, il leur donna sa main à baiser. Comme les grands lui demandaient à qui il laissait l'empire : « Au plus digne, » répondit-il. Toutefois, il remit l'anneau royal à Perdiccas, un de ses lieutenants. On lui

demanda encore quand il voulait qu'on lui rendît les honneurs divins. « Lors, dit-il, que vous serez heureux. » Ce furent ses dernières paroles.

329. Quelques-uns ont cru qu'Alexandre avait été empoisonné. Comme César, il fut pleuré même des vaincus. Il mourut âgé d'environ trente-trois ans ; il est regardé comme le plus fameux conquérant de l'antiquité. Il avait épousé Statira, fille de Darius, et comme elle n'eut pas d'enfant, il épousa Roxane, fille d'un satrape persan. Quelque temps après la mort d'Alexandre, elle en eut un fils qu'on appela le jeune Alexandre, mais qui fut tué avec sa mère par Cassandre, qui devint ainsi roi de Macédoine. Roxane avait elle-même fait mourir Statira. La mère d'Alexandre se nommait Olympias.

330. Le jour de la naissance d'Alexandre fut marqué par un évènement extraordinaire : ce fut l'incendie du temple d'Éphèse, en Asie, consacré à Diane, et l'une des sept merveilles du monde. Un fou, nommé Érostrate, voulant, d'après son aveu, rendre son nom célèbre, mit le feu à ce superbe édifice.

331. Diogène mourut à Corinthe le même jour qu'Alexandre mourut à Babylone, comme si la Providence eût voulu établir une sorte de rapprochement entre ces deux hommes, dont l'un passa sa vie dans un tonneau, tandis que le monde

entier fut à peine suffisant pour contenir l'autre.

332. On a dit dans tous les temps beaucoup de bien et beaucoup de mal d'Alexandre. Si l'on ne considère que les vertus de ses premières années, et la grandeur de ses exploits militaires, c'est le premier des héros, et il a bien mérité son surnom de *Grand*. Si, de l'autre, on considère son orgueil, son luxe, sa débauche, sa brutalité, il y a bien là de quoi ternir et effacer la gloire de ses plus belles actions. Quant à ses expéditions guerrières, elles seraient excusables s'il s'était contenté de punir les Perses des maux que leurs rois avaient faits à la Grèce. Mais il ne s'en tint pas là. Il attaqua sans aucune espèce de droit les Scythes et les Indiens, et beaucoup d'autres peuples qui n'étaient coupables d'aucun crime, sinon de vouloir conserver la liberté qu'ils avaient reçue de leurs ancêtres.

333. Un pirate, à qui Alexandre demandait quel droit il croyait avoir d'infester les mers, lui fit cette réponse énergique et spirituelle : « Le même que toi d'infester l'univers ; mais parce que je le fais avec un petit navire, on me traite de brigand, et toi, parce que tu le fais avec une grande flotte, on t'honore du titre de conquérant. »

334. Quelques traits serviront à faire connaître Alexandre tel qu'il était quand les passions ne le dominaient pas. Un poète lui ayant présenté de

mauvais vers, il le fit payer très-libéralement, mais à condition qu'il ne se mêlerait plus d'en faire. Un historien de ses flatteurs lui lisait, en traversant un fleuve, la description d'une de ses conquêtes, où la vérité était altérée par des exagérations ridicules. Le conquérant indigné jeta l'ouvrage dans l'eau. Un jour, en regardant arriver des mulets chargés d'argent qu'on lui envoyait, il aperçut un des conducteurs, dont l'animal était mort en chemin, qui s'avançait avec peine sous le poids d'un sac qu'il apportait sur son dos; il lui fit présent du sac.

335. On a toujours cru que c'était Antipater qui avait empoisonné Alexandre, parce que ayant plu à Olympias, mère du conquérant, celui-ci se vengea en ôtant à Antipater le gouvernement de la Macédoine.

336. On a dit de Parménion, ce brave officier qu'Alexandre fit mourir sur un léger soupçon, qu'il avait vaincu sans son prince, mais que son prince n'avait jamais vaincu sans lui.

337. Des généraux d'Alexandre se partagèrent son empire, et le déchirèrent pendant vingt ans par leurs sanglantes discordes. Toute la famille du conquérant fut immolée à leur ambition.

338. Phocion, ce magistrat intègre que Démosthènes appelait la *cognée* ou la *hache de ses discours*, périt victime de la légèreté et de l'in-

constance des Athéniens. Il fut accusé de trahison, et condamné sans qu'on entendît sa défense. Il pouvait s'échapper ; mais, comme Socrate, il voulut obéir à l'inique sentence qui le frappait. Un de ses plus intimes amis étant venu lui dire en pleurant : « O mon cher Phocion, quel indigne traitement pour un homme tel que vous ! » — « Je m'y attendais, répliqua-t-il ; c'est le sort qu'ont essuyé les plus illustres citoyens d'Athènes. » Ses ennemis, rassemblés autour de lui, le couvrirent d'insultes et d'opprobres. Un d'eux, plus insolent que les autres, lui cracha au visage. Phocion ne fit que se retourner vers les magistrats, et leur dit : « Ne pourriez-vous pas empêcher cet homme de commettre des choses si indignes ? » Un de ses amis lui ayant demandé s'il n'avait rien à mander à son fils : « Oui, dit-il, c'est de ne point se souvenir de l'injustice des Athéniens. » Après cela, il prit la ciguë, et expira. On défendit de lui rendre les derniers devoirs.

339. Une Athénienne, moins injuste que ses concitoyens, recueillit secrètement ses précieux restes, et les enterra sous son foyer, avec cette inscription : « Cher et sacré foyer, je mets en dépôt dans ton sein les restes d'un homme de bien. Conserve-les fidèlement, pour les rendre un jour au tombeau de ses ancêtres, lorsque Athènes sera plus sage. » En effet, les Athéniens, revenus

de leur erreur, dressèrent une statue d'expiation à *l'homme de bien*, comme ils l'appelaient eux-mêmes. Élu quarante-cinq fois général, il resta cependant toujours pauvre.

340. Ce fut Démétrius, fils d'Antigone, un des plus puissants rivaux de l'empire d'Alexandre, qui fit le siége de Rhodes, pendant lequel le fameux colosse fut détruit. Ce Démétrius avait été surnommé *Poliorcète*, c'est-à-dire, *preneur de villes*.

341. Le résultat de la bataille d'Ipsus (Asie-Mineure), qui se donna entre les généraux rivaux de l'empire, fut le partage définitif des Etats d'Alexandre. Antigone, qui avait pris le titre de roi, y perdit la vie, et son fils Démétrius ne dut son salut qu'à la fuite. Les quatre princes ligués, après cette victoire, se partagèrent l'empire. Ptolémée eut l'Egypte ; Cassandre, la Macédoine ; Séleucus, la Syrie ; et Lysimaque, la Grèce.

342. L'empire d'Alexandre fut ainsi déchiré par suite de discordes cruelles. Il ne restait de la famille du conquérant qu'un frère, nommé Arrhidée, qui, presque imbécile, ne put soutenir ses droits au trône, et un petit garçon, nommé aussi Alexandre, qui fut tué avec sa mère.

343. Le nouveau royaume d'Egypte, fondé l'an 323 avant Jésus-Christ, fut gouverné par seize rois, qui portèrent tous le nom de Ptolémée, et qui furent distingués entre eux par des surnoms.

344. Le premier, surnommé *Soter* (sauveur), fonda la fameuse bibliothèque d'Alexandrie, composée de sept cent mille volumes ou *manuscrits* sur du papyrus, car on ne connaissait point encore les livres, et qui fut brûlée, dans une guerre, par le calife Omar.

345. Ptolémée *Philadelphe* (qui aime ses frères, par ironie, car il avait fait mourir deux des siens) fit construire le fanal de Pharos, qui a été mis au rang des sept merveilles du monde.

C'était une tour célèbre où l'on entretenait des feux pour guider les voyageurs sur mer. C'est de là que vient le nom de *phare* donné aux édifices de ce genre.

346. On doit aussi à ce prince la *Version des Septante*. C'est une traduction de l'Ecriture sainte d'hébreu en grec, ainsi nommée, parce qu'elle fut achevée par soixante-dix savants juifs sous les yeux mêmes de ce monarque. -

347. Ptolémée *Evergète* (bienfaisant), fils de Ptolémée Philadelphe, épousa sa sœur Bérénice. Evergète étant parti pour une expédition dangereuse, son épouse fit vœu, s'il revenait, de consacrer sa chevelure à Vénus. Evergète revint triomphant, et la reine accomplit son vœu. Quelque temps après, la chevelure ayant disparu du temple de Vénus, l'astronome Conon, courtisan adroit, publia que Jupiter l'avait enlevée pour la placer parmi les astres. On fit semblant de le croire, et le nom de *Chevelure de Bérénice* qu'il donna à sept étoiles reste encore aujourd'hui à cette constellation.

348. Il y eut ensuite un Ptolémée *Philopator* (qui aime son père), et un *Philométor* (qui aime sa mère); cependant Philopator fut soupçonné de s'être souillé d'un horrible parricide en empoisonnant son père.

349. Ptolémée *Aulète* (joueur de flûte) acheta pour six cents talents la protection de Rome, à qui son surnom l'avait rendu méprisable. En mourant, il laissa deux enfants : Ptolémée et Cléopâtre, dont il confia la tutelle à Pompée, premier citoyen de la république. Ptolémée, frère de Cléopâtre, tua Pompée, général romain et leur tuteur, pensant par là plaire à César. Mais celui-ci indigné, et gagné d'ailleurs par les charmes de Cléopâtre, la replaça sur le trône. Ptolémée, mécontent du partage, prit les armes et fut tué. Cléopâtre ayant épousé ensuite le triumvir Marc-Antoine, l'Egypte fut réduite en province romaine. Ce nouveau royaume avait duré deux cent quatre-vingt-quatorze ans depuis Alexandre.

Royaume de Syrie et de Thrace.

350. Séleucus fonda l'ère des Séleucides, et

bâtit la fameuse ville d'Antioche. Ayant fait une invasion dans la Thrace, Lysimaque voulut l'arrêter ; mais ce dernier fut tué par le vainqueur.

351. Antiochus Epiphane, le persécuteur des Juifs, était roi de Syrie ; il mourut rongé des vers.

352. Vers l'an 390, les Gaulois, sous la conduite d'un chef nommé *Brenn* ou *Brennus*, avaient pris et brûlé Rome ; en 280, ils revinrent en Grèce, et pillèrent le temple d'Apollon à Delphes ; mais repoussés par un violent orage, que les Grecs ne manquèrent pas de regarder comme la vengeance de leur dieu, ils allèrent se fixer dans une province de l'Asie-Mineure, qu'on appela *Galatie* ou pays des Galates.

353. La Grèce était presque entièrement asservie ; mais l'amour de la liberté n'était pas tout à fait éteint dans les cœurs.

L'Achaïe, province du Péloponèse, jusque là obscure, forma pour la sûreté commune une ligue qu'on appela *Ligue achéenne*, dont Aratus fut le chef.

354. Philopœmen mérita, par ses vertus, le surnom de *Dernier des Grecs*, parce que la Grèce, après ce grand homme, ne produisit aucun personnage digne d'elle. Elu pour la huitième fois général des Achéens à l'âge de soixante-dix ans, il fut lâchement empoisonné.

355. Comme Philopœmen était pour l'ordinaire vêtu fort simplement, et marchait souvent sans suite et sans train, il arriva un jour en cet état dans la maison d'un de ses amis qui l'avait invité à prendre un repas chez lui. La maîtresse du logis, qui attendait le général des Achéens, le prit pour un domestique, et le pria de vouloir bien l'aider à faire la cuisine, parce que son mari était absent. Philopœmen quitta sans façon son manteau et se mit à fendre du bois. Le mari étant survenu en ce moment, s'écria, dans la surprise que lui causa un tel spectacle : « Qu'est-ce donc, seigneur Philopæmen, et que veut dire ceci ? » — « C'est, répliqua-t-il, que je paie l'intérêt de ma mauvaise mine. »

356. Malgré les efforts des Achéens pour maintenir la liberté de leur patrie, la Grèce entière fut réduite par Mummius en province romaine, sous le nom d'*Achaïe*, nom glorieux pour les Achéens, puisqu'il rappelle que ce peuple courageux défendit le dernier son pays et produisit ses derniers héros.

357. La Grèce asservie n'en conserva pas moins sur ses redoutables conquérants une domination à la fois plus glorieuse et plus durable. Centre du monde civilisé, Athènes fut toujours la capitale des lettres, des sciences et des arts. On vit les vainqueurs, devenus disciples des vaincus, étudier

à Athènes les grands modèles, pour se distinguer ensuite par l'éclat des talents et la sublimité des actions. On peut donc dire que la Grèce fut le berceau des lumières qui ont éclairé l'Europe, l'Asie et le monde entier.

Carthage et la Sicile.

358. Carthage était située à la place de Tunis, en Afrique. Elle fut, en 1259 avant Jésus-Christ, fondée par les Tyriens, et considérablement augmentée, en 860, par Didon. Après être restée obscure pendant trois siècles, elle conquit la Sicile, les îles Baléares et les côtes méridionales de l'Espagne.

359. Gélon, roi de Syracuse en Sicile, chassa les Carthaginois de ce pays ; mais ils y revinrent après sa mort, et le reprirent presque tout entier.

360. Denys-l'Ancien ou le Tyran profita des troubles de Syracuse pour s'élever du rang de simple capitaine à celui de roi. Il exerça tyranniquement le pouvoir suprême. Quoiqu'il fût entouré de courtisans intéressés qui ne faisaient que flatter ses passions, il trouva pourtant le philosophe Philoxène toujours disposé à lui dire les vérités même les plus capables de froisser sa vanité et son amour-propre. Un jour donc que Denys présen-

tait au philosophe des vers qu'il prétendait avoir faits, celui-ci lui déclara, avec sa hardiesse accoutumée, qu'il les trouvait détestables. Le tyran ordonna qu'on se saisît de Philoxène et qu'on le plongeât dans une prison obscure, appelée les Carrières.

Quelques amis de Philoxène obtinrent qu'il ne fût pas condamné à mort ; ils supplièrent Denys avec tant d'instance, que le roi leur accorda même la grâce du prisonnier, à condition toutefois que celui-ci consentirait à venir souper le même soir à sa table.

Pendant le repas, Denys, qui avait encore sur le cœur la franchise du philosophe, lut de nouveau quelques mauvais vers de sa façon, dans l'espoir que ce dernier n'oserait pas cette fois lui refuser des louanges ; mais il se trouva bien désappointé, lorsque Philoxène, au lieu d'applaudir, se tourna vers les gardes, et leur dit à haute voix : « Qu'on me reconduise aux Carrières ! »

361. Pendant que tous les sujets de Denys faisaient des imprécations contre lui, il apprit avec surprise qu'une femme de Syracuse, extrêmement âgée, demandait tous les matins aux dieux de ne pas survivre à ce prince. Il la fit venir, et voulut savoir le motif d'un si tendre intérêt. — « Je vais vous le dire, répondit-elle. Dans mon enfance, il y a bien longtemps de cela, j'entendais tout le

monde se plaindre de celui qui nous gouvernait, et je désirais sa mort avec tout le monde ; il fut massacré. Il en vint un second qui , s'étant rendu maître de la citadelle , fit regretter le premier. Nous conjurions les dieux de nous en délivrer ; ils nous exaucèrent. Vous parûtes, et vous nous avez fait plus de mal que les deux autres. Comme je pense que le quatrième serait encore plus cruel que vous, j'adresse tous les jours au ciel des vœux pour votre conservation. » Denys, frappé de la franchise de cette femme, la renvoya comblée de présents.

362. Denys sentait tout ce que son état avait de fâcheux et de périlleux : témoin l'aventure de l'un de ses courtisans nommé Damoclès. Ebloui de la magnificence de son maître, il le félicitait sans cesse de son bonheur. Denys l'invita à prendre sa place un instant, afin d'apprécier au juste les jouissances de sa grandeur. Damoclès monte donc sur le trône, et reçoit les hommages de la cour ; ensuite on passe à une table couverte des mets les plus exquis, dans une salle parfumée des essences les plus rares. Damoclès y est placé sur un lit d'or et d'ébène orné de pourpre ; mais, en levant les yeux, il voit une épée suspendue sur sa tête par un crin de cheval. Epouvanté à cette vue, il supplie Denys de lui permettre d'abandonner une place si dangereuse, et se retire.

363. Denys-le-Tyran, quoique sans amis, sentait tout le prix de l'amitié. L'histoire de Damon et de Pythias en fait foi. Damon, philosophe pythagoricien, ayant été condamné à mort par Denys, obtint du tyran la permission d'aller mettre ordre à ses affaires dans sa patrie, donnant pour gage de son retour son ami Pythias, qui consentait à mourir à sa place, dans le cas où il ne reparaîtrait point. Damon arriva au temps prescrit. Denys fut si frappé de cette action héroïque, qu'il lui fit grâce, et pria les deux amis de le mettre en tiers dans leur amitié.

364. *Denys-le-Jeune* succéda à son père. Il fit venir Platon à sa cour; mais comme le philosophe lui conseillait d'abdiquer la tyrannie, Denys le fit vendre comme un esclave. Dion, beau-frère du roi, qui avait partagé l'opinion de Platon, fut privé de sa femme et banni; mais il reparut bientôt avec quelques troupes et prit Syracuse en trois jours. Denys, chassé de son royaume, y revint dix ans après, pour en être chassé encore par *Timoléon*, général des Corinthiens. Alors il se réfugia à Corinthe, où il se fit maître d'école pour subsister, et comme pour se faire un empire d'une nouvelle espèce.

365. Denys-le-Jeune attribuait sa double expulsion à sa mauvaise fortune. « Mon père, disait-il, m'avait légué sa puissance, et non pas sa for-

tune. » Comme l'*Ancien* le blâmait un jour de passer sa vie dans toutes les dissipations du vice, il lui demanda en même temps s'il n'avait jamais entendu dire qu'il se fût ainsi conduit dans sa jeunesse. « Non, répondit Denys ; mais vous n'étiez pas fils de roi ? » — « Et toi, tu n'en seras jamais le père ! »

367. Timoléon, vainqueur de Denys-le-Jeune, vécut et mourut en simple particulier. A sa mort, Agathocle, fils d'un potier, assiégea Syracuse, et s'éleva au pouvoir suprême. Il porta ensuite la guerre en Afrique, et fit trembler Carthage. Il s'en serait rendu maître, si la révolte d'Agrigente ne l'eût rappelé en Sicile, où il mourut empoisonné par ses petits-fils.

FIN.

TABLE DES MATIÈRES

FIN DE LA TABLE.

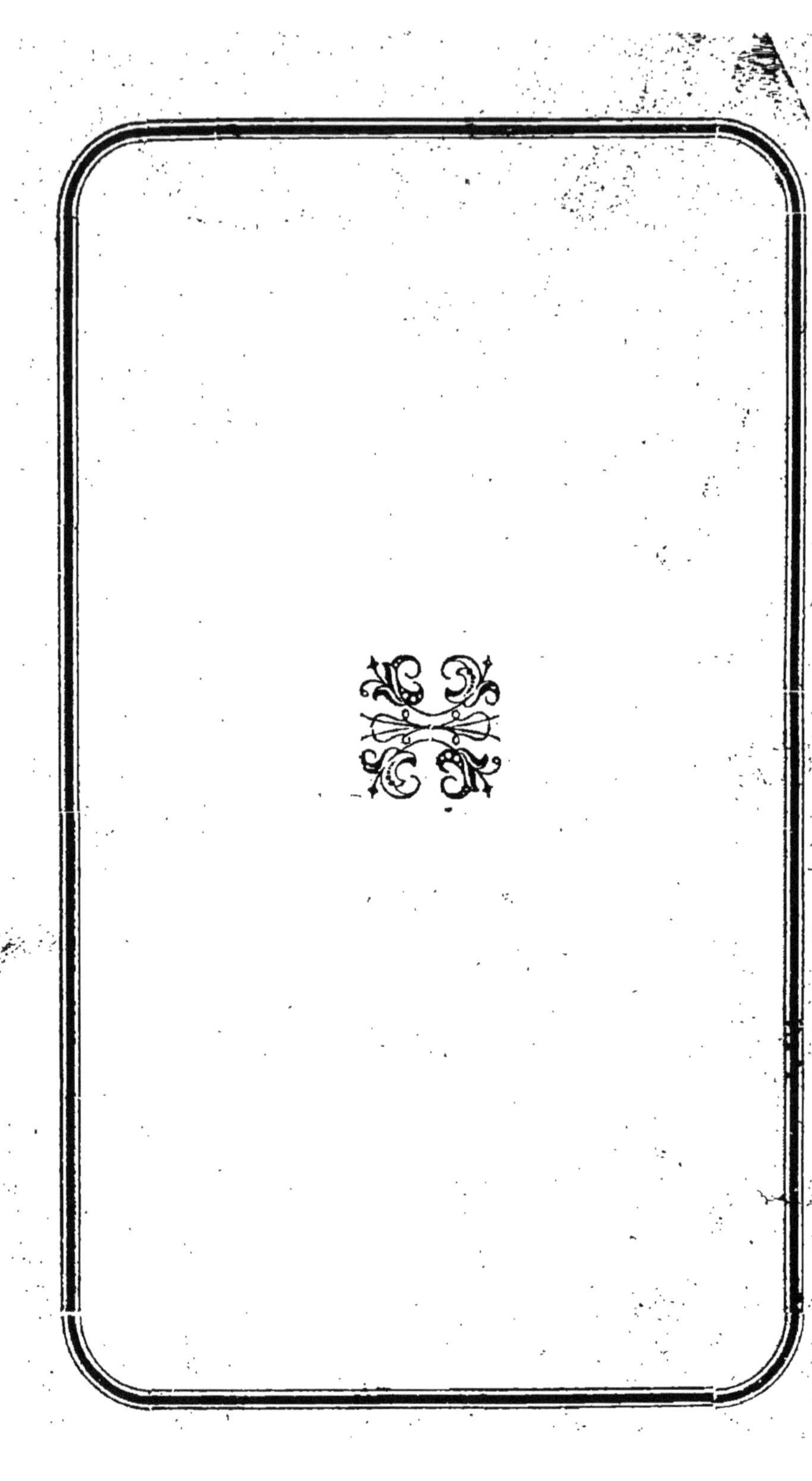